·中国检察官文库·

1

中国检务保障理论与应用研究

贾春旺

徐汉明　李满旺　刘大举　等◎著

知识产权出版社
全国百佳图书出版单位

责任编辑：刘　睿　文　茜　　　　**责任校对**：董志英

文字编辑：文　茜　　　　**责任出版**：卢运霞

图书在版编目（CIP）数据

中国检务保障理论与应用研究／徐汉明，李满旺，刘大举等著．北京：知识产权出版社，2012.3
（中国检察官文库）
ISBN 978－7－5130－1159－4

Ⅰ.①中…　Ⅱ.①徐…②李…③刘…　Ⅲ.①检察机关－工作－研究－中国　Ⅳ.①D926.3

中国版本图书馆CIP数据核字（2012）第039183号

中国检务保障理论与应用研究

Zhongguo Jianwubaozhang Lilun yu Yingyong Yanjiu

徐汉明　李满旺　刘大举　等著

出版发行：知识产权出版社

社　　址：北京市海淀区马甸南村1号　　　邮　　编：100088
网　　址：http：//www.ipph.cn　　　邮　　箱：bjb@cnipr.com
发行电话：010－82000860转8101/8102　　　传　　真：010－82005070/82000893
责编电话：010－82000860转8113　　　责编邮箱：liurui@cnipr.com
印　　刷：北京富生印制厂　　　经　　销：新华书店及相关销售网点
开　　本：787mm×1092mm　1/16　　　印　　张：16.75
版　　次：2012年6月第一版　　　印　　次：2013年1月第二次印刷
字　　数：204千字　　　定　　价：42.00元
ISBN 978－7－5130－1159－4/D·1437（4038）

本研究课题组组长

徐汉明　湖北省人民检察院党组副书记、常务副检察长、博士、兼职博士生导师、全国检察业务专家

具体撰写本书各章节的课题组成员

第一章　**夏祥军**　湖北省宜昌市三峡坝区人民检察院办公室主任

第二章　**李　若**　湖北省宜昌市伍家岗区人民检察院政治处主任

第三章　**吴方春**　湖北省襄阳市城郊地区人民检察院办公室主任、硕士研究生

第四章　**邓佛国**　湖北省咸宁市人民检察院办公室主任、全省检察理论研究人才

第五章　**董可飞**　湖北省十堰市张湾区人民检察院干部

第六章　**徐汉明**　湖北省人民检察院党组副书记、常务副检察长、博士、兼职博士生导师、全国检察业务专家

统稿由徐汉明博士主持完成，核对由湖北省人民检察院计划财务装备处副处长曹国兴、刘尧成完成，部分资料提供得到了最高人民检察院、部分省级人民检察院、湖北省各级人民检察院以及湖北省委政法委、省财政厅、省法院、省公安厅、省司法厅、省人事厅、省统计局、省国税局、省地税局等相关部门的大力支持。

总　序

2011年9月，在社会各界的大力关心和支持下，湖北省检察官文学艺术联合会正式成立，揭开了湖北检察文化发展的新篇章。检察文化是社会主义先进文化的重要组成部分，是加强检察队伍建设的重要载体和有效抓手，是检察官的精神家园。检察官文学艺术联合会作为检察队伍建设的重要力量，作为推动检察文化建设的重要载体和平台，对凝聚人心、激发热情、提振精神、推动检察文化发展繁荣、促进检察工作科学发展具有十分重要的作用。

湖北省检察官文学艺术联合会成立后，以党的十七大、十七届五中全会和六中全会精神以及社会主义核心价值体系为引领，按照“全国检察机关第十三次检察工作会议”的部署，以“六观”（大局观、核心价值观、执法观、业绩观、权力观、发展观）、“六个有机统一”统一思想，围绕“三个体系”（检察工作方针政策体系、执法办案和法律监督工作体系、检察机关自身建设体系）建设，充分发挥检察官文学艺术联合会的联络、协调、服务职能，紧贴检察工作，深入检察实际，大力开展检察文化艺术创作和文化艺术活动，在服务检察机关、服务检察队伍、服务基层、服务社会上初显成效。为了进一步增强检察文学艺术作品的凝聚力、创造力、影响力，提升广大检察人员的文化自信和自觉，湖北检察官文学艺术联合会在遵循检察文化发展规律的基础上，提出了将文化建设战略思维方案化、方案谋划项目化、项目实施活动化的工作思路，鼓励支持基层检察人员做"加法"、做"乘法"，积极参与谋划和开展"检察文化进基层""文化提升执法公信力"等活动，以项目导向、项目策划、项目实施、项目责任、项目考核、项目效应为抓手，努力推出一批精品力作，打造一批体现湖北省检察文化建设的品牌，推动发展思路、发展目标的具体落实，为湖北省检察工作和检察队伍建设的科学发展作出贡献。

《中国检察官文库》就是湖北省检察官文学艺术联合会着力推进的重大项目工程之一。《文库》以检察官在执法办案中的所思、所想、所感为对象，力争以理论创新引领工作机制创新，推动检察法治文化的大发展和大繁荣。《文库》坚持以质取文的原则，入选著作既可以是针对检察工作进行顶层设计的鸿篇巨制，也可以是对检察实务中的重点、热点、难点问题进行探幽发微的短小精辟之作。只要著作言之有物、具有理论创新性，就可以被选入《文库》出版。同时，《文库》又是开放式的，不仅仅针对湖北检察官的著作，全国各地检察官的著作，只要符合《文库》的入选要求，都可以选入《文库》出版计划。另外，高等院校、科研院所、政府机构的专家学者，只要其著书与检察工作有关，有检察官参与，符合《文库》入选要求的，也十分欢迎他们的大作能为《文库》增添光彩。

我们知道，《中国检察官文库》作为一株幼苗，要想茁壮健康成长，需要全国各地检察官们及时给予关心与呵护，更离不开社会各界贤达的支持、鼓励和鞭策。我们真诚希望，《中国检察官文库》作为检察官自己的舞台，能够充分发挥检察官思想库的作用，积极为检察体制和工作机制创新发展建言献策，在推动我国依法治国方略的实施过程中发挥应有的作用。当然，由于水平有限，入选著作可能存在观点稚嫩甚至讹误等问题，敬请各位读者批评指正。

中国检察官文学艺术联合会常务理事，中国检察学研究会理事
湖北省检察官文学艺术联合会主席，全国检察业务专家
湖北省人文社会科学重点研究基地——中南财经政法大学法治
发展与司法改革研究中心主任，教授、博士生导师

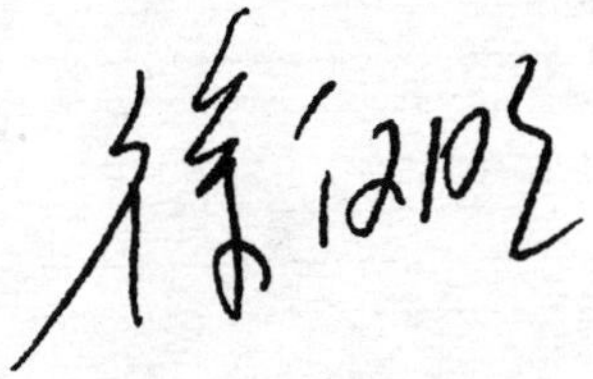

2012年5月28日

序

检务保障是推动检察事业科学发展的物质基础，也是中国特色社会主义检察制度的重要组成部分。党和国家对检务保障十分重视。改革开放以来，特别是近年来，中央先后出台了一系列相关的政策性文件，检务保障也迎来了难得的历史机遇。总的来看，近年来全国检察机关的经费保障水平不断提高，办案用房和专业技术用房建设取得历史性成绩，信息化和科技装备建设进一步加快，为推动检察工作的科学发展作出了积极贡献。这些成绩的取得，主要得益于国家改革开放进程的全面推进和国民经济又好又快的发展，得益于各级党委、人大、政府的大力支持，得益于各级检察院党组的有力领导和高度重视，同时，也与广大计划财务装备工作人员艰苦奋斗、顽强拼搏分不开。在充分肯定成绩的同时，我们也应该清醒地看到，检务保障仍然面临保障水平不平衡、基层院业务经费保障严重不足、信息技术装备薄弱、基础设施建设滞后、中西部地区保障难度大等问题，直接影响和制约了检察事业的科学发展。

理论是实践的先导。要破解检务保障发展中的诸多难题，亟待加强检务保障理论研究。检务保障理论研究就是要将检务保障实践中正反两方面的经验加以总结、提炼，使之上升为系统化、有深度的理论，并积极地指导和服务于检务保障实践。令人欣慰的是，由湖北省人民检察院的检察业务专家徐汉明博士领衔撰写的《中国检务保障理论与应用研究》一书，开创了检务保障理论和应用研究的先例。该书以现代检务保障模式为坐标系，对当前深入推进的政法（检察）保障体制进行评介，对当前我国检务保障现状进行梳理剖析。作者牢牢把握为什么要构建中国特色社会主义检察保障体制、建设什么样的检务保障体制及其模式、如何建设中国特色社会主义检务保障体制的主题，从理论与实践相结合的高度，进行了尝试性的研究和回答。其内容既有理论分析和模型，又有以丰富实例和数据为支撑的实证研究；既有对国内状况的总体研判，又有国际视野下的比较借鉴；既注重历史沿革和当前问题，又对未来发展提供了可资借鉴、颇有价值的模型。

该书的作者大都是检察实务工作者，有着丰富的实践经验和深刻的切身感受，成书之前收集了大量一手资料，为构建检务保障理论和应用体系付出了心血，作出了开拓性的贡献。虽然本书观点未必十分成熟，但字里行间所蕴涵的对检察事业的拳拳之心令人动容。我衷心地希望该书的问世，能为我国检务保障研究引来更多的争鸣和探讨，进而带动对检务保障的宽领域、深层次、多视角的开放性研究，为中国特色社会主义检察制度的发展完善添砖加瓦。

是为序。

張常韌

2011 年 10 月 17 日

前　言

检务保障事关检察工作全局，事关检察事业的长远发展。改革开放30多年来，党中央、国务院高度重视政法机关的执法保障工作。尤其是2009年，中共中央办公厅、国务院办公厅印发了《关于加强政法经费保障工作的意见》，对政法经费保障体制进行了重大调整，对加强和改进政法经费保障工作发挥了重要作用，具有鲜明的现实意义和重大的深远影响。但是，由于各种因素的影响，目前的检务保障仍然面临体制性缺陷、机制性困扰、保障性约束等问题，深化检务保障改革仍然是一项长期艰巨的任务。

检务保障作为检察工作的重要组成部分，与其他检察工作一样，需要坚实的理论和应用研究作为支撑，需要有科学的理论作为指导，创造性地推进检务保障的实践与发展。相对于检察制度和检察权的研究，专家学者对检务保障的系统研究甚少，只是在部分检察改革的理论专著中偶有涉及；或者检察工作者从检察实践的角度，对完善检务保障体制进行的呼吁和构想。我国现有26万多名检察干警，其中从事检务保障工作的有2万余人，但迄今为止，尚无一套系统的检务保障理论培训教材，在政法院校也未开设检务保障的理论课程。检务保障的理论研究远远滞后于检察基础理论的研究由此可见一斑，检务保障理论研究与检务保障实践发展需要不相适应的矛盾比较突出。加强检务保障理论和应用研究，对深化检察保障体制改革，建立健全更加完善、更加科学、更高水平的检务保障体制具有重要意义。

作为检察工作者，我们本着促进检察工作科学发展的理念，以“中国检务保障理论与应用研究”为选题，以推动建立中国特色社会主义检务保障体制为己任，从基础理论研究入手，将对检务保障理论及应用方面的一些心得体会形成《中国检务保障理论与应用研究》一书，以与同人商榷。该书着眼于完善中国特色社会主义检察制度，力求系统阐述检务保障的基本含义、性质特征、历史沿革、主要内容与基本要求，研究检务保障的资源归类、资源优化配置的意义、价值取向、遵循原则、工作方法与制度安排，比较中国传统检务保障模式、现行检务保障模式、实行国家财政均等化保障模式、主要国家与地区检务保障模式的运行特点及其影响，解读《关于加强政法经费保障工作的意见》的出台背景、内容特点、现实意义、深远影响与贯彻落实，分析当前中国检务保障中的主要问题及原因，论述“十二五”时期深化检察保障体制改革的总体思路和基本要求，努力构建检务保障的理论与应用研究体系，为检务保障实践提供理论指导。

《中国检务保障理论与应用研究》立足于检务保障的基础理论研究与实践应用研究，课题内容以检务保障概论、检务保障资源配置、检务保障模式及运行机制形成理论研究篇，以《关于加强政法经费保障工作的意见》解读及评估、当前中国检务保障中的几个问题、“十二五”时期深化检务保障体制改革的总体思路和基本要求形成应用研究篇，以理论研究指导应用研究，以应用研究体现理论研究，前后能相互印证和衔接，努力形成一个完整的体系。希冀对深化检务保障研究、促进提升检务保障水平有所裨益。

本书撰写得到了最高人民检察院、湖北省各级人民检察院的大力支持，在此表示衷心的感谢！

因时间仓促，作者理论水平有限，本书难免存在不当之处，恳请各位领导、专家批评指正。

课题组组长 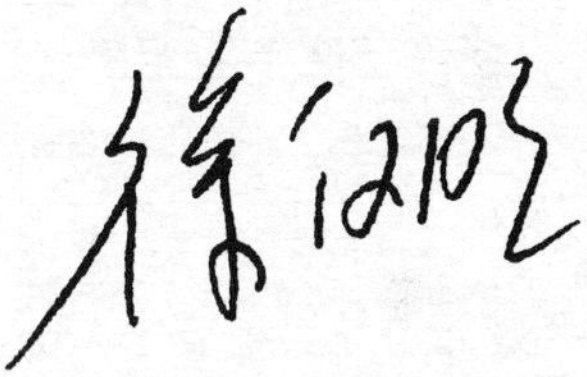

2011 年 7 月 8 日

目　录

第一章 检务保障概论

【学习目的和要求】

- 理解检务保障的概念与特征、地位与作用以及基本原则
- 了解检务保障、检察经费保障、检察装备建设、检察信息化建设、检察基础设施建设的沿革、背景、性质、地位与作用
- 掌握检察经费保障的种类、使用范围、保障与管理
- 掌握检察装备建设的主要内容与管理
- 掌握检察信息化建设的基本内容、应用与管理
- 掌握检察基础设施建设的主要内容与管理
- 了解检务保障机构与队伍建设

自现代检察制度建立之日起，检务保障就成为一个不容忽视的话题。新中国的检察制度伴随中华人民共和国的成立而诞生。60 多年来，我国检察工作经历了初创阶段的艰难探索、波折阶段的中断取消、恢复重建后的创新发展，正以前所未有的稳健步伐不断前进。在这一过程中，检务保障作为检察制度的物质基础、检察工作的重要保障与检察事业发展的物质条件，随着检察机关的兴衰而兴衰。俗话说，“兵马未动，粮草先行”。但是，受传统思想观念、国家财

力等综合因素的影响与制约，检务保障制度滞后于检察业务制度建设，检务保障建设滞后于检察业务建设，检务保障的理论滞后于实践，从而制约着检察工作的科学发展、创新发展及全面发展。本章从普及检务保障知识的角度，阐明我国检务保障的一些基本观点和基础内容，厘清检务保障历史沿革脉络，从中吸取经验教训，为深化检务保障体制改革、指导检务保障实践提供理论基础。

第一节　概　　述

一、检务保障的概念与特征

（一）检务保障的概念

检务，是检察业务和检察事务的简称。它是指宪法和法律赋予的、检察机关独有的法律监督职能业务以及与之相关的活动及其事项。保障，是指社会成员之间的某种意义上的交互动态的有限支撑和支持。检务保障是检察制度的重要方面，有广义和狭义之分。

广义上的检务保障，是指为检务提供支撑和支持，促进检察职能全面履行、检察制度不断完善、检察理论逐步丰富，以及检察事业创新发展的一切外在和内在的条件，包括人力、物力、财力及其相关制度与政策环境等基本要素。检务保障中的“人力”，是指为保证检察工作开展及其发展所需配置的人力资源的总和，而这类“人力”是经过法律专业知识训练，掌握一定专业技能，具有特定专业素养，能够履行检务活动的人员；根据其岗位分工的不同和特定身份的差异，通常包括检察官类、检察辅助人员类、综合管理类和专业技术类四类。[1] 检务保障中的“物力”，是指为保证检察工作开展及其发展所需配置的物资载体即设施设备，主要包括办案和专业技术用房、办案装备、信息技术设备、交通通信装备以及检务管理制度等。检务保障中的“财力”，是指为保证检察工作开展及其发展所需配置的、由公共财政提供的以人员经费、公用经费、装备经费、基础设施建设经费为主要内容的各项经费。相关制度包括与政党制度、人大制度相适应，与其他行政制度、审判制度相协调的检察制度，与检察制度相配套的检察人事制度、计划财务保障制度、检察管理制度等。检察制度则是由国家制定和认可的有关检察机关的性质、任务、职权、组织结构和活动原则等一系列制度的总和。[2] 在以上四要素中，相关制度尤其是检察制度是基础，人力资源是根本，物力和财力是核心，是检务保障的重要载体和支撑。

在检务保障理论研究中，有“保障说”“装备说”“管理说”等几种学术观点之争。持“保障说”的学者认为，办案经费的紧张和办案装备、基础设施的落后是制约检察工作科学发展的重要因素，因此检务保障的核心是抓好经费保障和物质保障，这是衡量检务保障水平的两大指标。持“装备说”的学者认为，检务保障的重点是办案装备建设，检察办案质量的高低很大程度上受制于办案装备的保障程度，检察机关自恢复重建时的“一穷二白”到现在办案装备和基础设施建设有了一定的基础，就是检务保障工作始终抓住装备建设不放松的结果。持“管理说”的学者认为，检务保障关键是抓好管理，就是检察机关通过计划、组织、控制、领导、创新等手段，

[1] 徐汉明、何大春编著：《中国现代司法（检察）保障体制改革研究》，中国检察出版社 2009 年版，第 98 页。

[2] 徐汉明：《转型社会的法律监督理念、制度与方法》，知识产权出版社 2011 年版，第 59 页。

对所拥有的有限资源进行合理配置和有效使用，以实现预定目标。笔者认为，以上观点均有一定的道理，虽都把握了检务保障的重要方面，但是各有侧重，若将三种观点结合起来，更能科学全面地揭示检务保障的内涵。

狭义上的检务保障，是指检察机关经费保障和各项物质保障及其管理工作的总称，[1] 包括财力和物力两个要素，这是本书研究的主要内容。

理解检务保障的含义，可以重点从主体方面进行分析。从不同层面透析，对检务保障的主体可作不同的界定。[2]

1. 决策主体

此即检务保障的标准和保障的程度由谁决定。从目前体制来看，检察经费一部分由同级政府财政部门负责，另一部分由中央、省级和同级财政部门分担；检察装备配备的指导标准由高检院会同财政部制定，实施方案由省级检察院会同省级财政制定；检察基础设施建设标准由高检院会同国家发改委、建设部制定。由上可看出，检务保障的决策主体主要有中央和地方相关职能部门、中央和省级检察机关。其既具有多元性的特点，又具有互补性的优点，在一定条件下，往往呈现相互掣肘的现象，比如，中央转移支付资金要求“上进下配”，而实践中出现“上进下退”的明证。

2. 执行主体

各项经费保障和物质保障预算计划标准到位后，各级检察机关要管理好、使用好，以保障办公、办案工作的顺利开展，自然是执

[1] 吕赵龙、易志斌：“检务保障的法理分析与法律思考”，载《湖南社会科学》2009年第6期。

[2] 同上。

行主体。

3. 监督主体

我国宪法规定，检察机关对国家权力机关负责，并受其监督。检务保障作为检察工作的一部分，理应是权力机关监督的范围。同时，检察机关经费、资产的使用管理情况还要接受财政部门的监管和审计、国资委等部门的监督。以上部门就构成了检务保障的监督主体。

（二）检务保障的特征※

1. 保障性

一方面，检务保障由政府全额提供，不接受任何社会组织和个人的捐赠和资助。按照公共经济学的理论，检察机关作为相对的政府范畴的司法机关，其所提供的是纯粹的公共产品，具有效用的不可分割性、受益的非排他性、消费的非竞争性，是公共财政全额保障的范围。另一方面，检务保障在功能上主要体现为对检察职能的服务保障，其制度设计、价值发挥都以保障检察工作科学发展为基本立足点。

2. 法定性

一方面，我国检察机关作为国家法律监督机关，是国家机器的重要组成部分，其编制预算并由政府提供保障是国家预算法所规定的；另一方面，检察权来自宪法和法律的明确授予，其行使应当严格依法进行。检务保障作为检察工作的一部分，理应在法律明确的范围内进行。

3. 发展性

影响检务保障的因素很多，如国家制度、司法制度、检察制

※　吕赵龙、易志斌：“检务保障的法理分析与法律思考”，载《湖南社会科学》2009年第6期。

度、法治化进程、综合国力、社会的主要矛盾和国家阶段性的主要任务等，涉及经济、政治、文化、社会等方方面面。但是从长远来看，随着现代文明尤其是法治文明的不断发展进步，检务保障的水平总是会不断提高。新中国检察事业60多年的发展就是最好的证明。

（三）法律属性

我国检察权的本质属性是法律监督权，具体权能包括侦查权，公诉权，侦查监督权，审判监督权，民事诉讼监督权、行政诉讼监督权和执行监督权。❶ 检务保障虽然是检察工作的一部分，但其明显不属法律监督权的权能之一。不过，检务保障是对检察资源的有效配置，保障服务、协调法律监督权的有效运行。同时，检务保障法律关系调整的是因检察经费、物质等保障工作而产生的各种权利与义务关系，❷ 这种关系主要体现为上下级之间的“领导”与“被领导”，管理监督关系，本级机关内部因决策、执行、监督等权能分工制衡而形成的“制约”关系，以及本级机关内部围绕保障资源的需求、供给、使用、管理而形成的保障、管理等关系。因此，检务保障权能从属于法律监督权，两者之间是“被决定”与“决定”的关系，即法律监督职能行使的总形势、总任务及其工作总量，决定着检务保障的计划、预算、决算、设施设备建设的规模及其水平，并影响和制约着管理的模式、方法等。这种权利与义务关系的本身体现了检务保障既具有行政管理法律属性，也具有保障管理权能属性。并且，检务保障在为各种法律监督权能服务的过程中，还要独立有

---

❶ 石少侠：《检察权要论》，中国检察出版社2006年版，第79页。

❷ 吕赵龙、易志斌：“检务保障的法理分析与法律思考”，载《湖南社会科学》2009年第6期。

效地行使计划、组织、控制、审计、监督等管理职能，对拥有的资源进行有效整合，以达到法律监督权能行使效果的最大化。所以，检务保障权是从属于法律监督权范畴的保障管理权，即前者是派生权能，后者为本体权能。

二、检务保障的地位与作用

最高人民检察院检察长、首席大检察官曹建明认为，在检察工作中，业务建设是中心，队伍建设是根本，保障建设是基础；加强执法保障建设，提高保障水平，能有效地促进检察工作的科学发展。由此可以概括出检务保障工作的地位和作用，即检务保障工作，是体现检察工作本质属性要求的、以经费和物质保障为基础的、支撑各项检察工作发展的基础性工作。为理解这一观点，可以从以下几个层面进行分析。

（一）检察官与检务保障

有学者认为，检务保障的核心是服务人的全面发展，建立以基层检察人员工资津贴、医疗均等化保障为重点的优检保障体系是今后一个时期内深化检务保障体制改革的任务之一。基于这样一种认识，就需要建立一系列配套制度，如建立与检察官职业特点相适应的、与普通公务员待遇相区别的工资福利制度，建立检察官扎根基层、边远地区和欠发达地区工作的奖励补助制度等，以增强检察官的择业成就感、职业荣誉感和崇高使命感，逐步实现检察官职业化的改革目标。这些都有待于检务保障体制改革的转化和检务保障水平的提高。

（二）检察机关与检务保障

强化法律监督是检察机关的神圣使命，维护公平正义是检察机关的价值追求，这就要求检察机关真正把维护法制的统一正确实施作为根本职责，真正把让人民群众享受到法律监督的实惠作为重要任务。在这一过程中，检务保障起着基础性的作用。保障的程度如何，直接影响着检察机关在司法实践中的价值取向：是定位于国家的法律监督机关还是某些既得利益集团的办案机关，是坚守真正的价值追求还是左右于一定的利益驱动。司法实践也证明，一些得到充分保障的检察机关，真正杜绝了办案中的“逐利”行为，并且因办案装备设施的现代化而有效地解决了办案效率低下和质量不高的问题，解决了老百姓很感无奈的“迟来的公正”问题，树立了检察机关的良好形象。

（三）检察制度与检务保障

我国的人民检察制度80余年的发展历程表明，检务保障与检察制度密切相关，它随着检察制度的存废而存废、随其发展而发展；反之，检务保障水平的高低，又推动或制约着检察制度的发展完善。

三、检务保障的基本原则

（一）财政全额保障原则

司法检察活动所形成的结果即执法产品具有公共性和公益性的特性。这就要求检务保障由公共支出全额保障，不存在由其他社会组织和社会成员直接承担或分担的问题。这一原则在公共财政政策制定与实施中也逐渐明确，即中央办公厅、国务院办公厅《关于加强政法经费保障工作的意见》规定政法经费由财政全额保障。

（二）财政充分保障原则

它包含两个层面的内容：一方面要满足检察工作当前的正常需求，另一方面要满足检察工作未来可持续发展的需求。从公共支出的受益层面分析，司法属于全体社会成员都可以共同分享的公共支出所产生的受益，属于一般利益支出，有别于诸如教育、医疗、卫生等只有部分成员可以共同分享的受益，这就决定了在公共支出的分配上应向一般利益支出倾斜。❶ 从政法保障体制的实践层面分析，现行保障体制规定了分项目保障、分区域保障的具体办法，划分了中央和地方政府的保障责任，加大了中央和省级政府对基层政法机关的保障力度，开始触及改革传统“分灶吃饭、分级负担”保障体制下区域间保障差异大、欠发达地区保障不力等深层次问题，将对现代检务保障体制顶层设计创新起积极的导向作用。同时，还明确规定要“建立公用经费正常增长机制”，要求政府根据政法机关实际工作需要适时调整保障标准，以保证政法工作发展的需求。这些都体现了充分保障的原则。

（三）质量和效益原则

从理论层面分析，在社会资源既定的约束下，市场和政府各有其活动边界。如果政府为实现某个社会目标而在短期内获取的公共收入过多，或者说超越了社会最有效的公共产品的范围，市场效率将受到损失，从而动摇财政基础。❷ 从我国国情层面分析，我国目前处于并且将长期处于社会主义初级阶段，国家和社会财富有限，完全凭增加投入解决检务保障问题，会受到多方面的制约，也并不现实。从司法实践层面分析，当前检务保障存在着严重不足与重复建设、超标建设的矛盾，也存在着办案急需与设备资源闲置、利用率不高的现象。所以，提高保障资源的质量和使用效益、加强检务保

---

❶ 姜丽丽：“论法院经费保障体制的改革与完善”，载 http://wxzy.chinawuxi.gov.cn，2011 年 4 月 18 日访问。

❷ 同上。

障运行的监督尤为重要。当然，站在检察机关内部的角度，检务保障作为综合服务、后期保障工作，还要坚持管理与服务等方面应有的基本原则，这里就不再赘述。

第二节　检务保障的沿革与发展

考察我国检务保障问题，必须联系我国检察制度的发展历史，因为检察制度本身的历史命运决定了检察机关经费保障和物质基础建设的发展状况。新中国成立以来，检察制度经历了六个阶段：创建（1949～1953年）、初步发展（1954～1957年上半年）、波折与中断（1957年下半年～1977年）、恢复重建（1978～1988年）、稳固发展（1989～1998年）、纵深改革（1999年至今），经历了曲折的发展历程。

考察我国检务保障的发展进程，还必须联系我国财政预算体制的发展历史。新中国成立以来，财政预算体制大致经历了四个阶段：高度集中、统收统支（1950～1952年），统一领导、分级管理（1953～1978年），划分收支、分级包干（1980～1994年），分税制（1994年至今）。[1] 财政预算体制的变迁，对检务保障产生了深刻的影响。

一、检察制度创建阶段的检务保障

1949年9月，第一届中国人民政治协商会议召开，通过了《中华人民共和国中央人民政府组织法》，明确规定了最高人民检察署的

[1] 文炳勋："新中国成立以来财政预算体制的历史演进"，载《中共党史研究》2009年第8期。

地位和职能，标志着新中国检察制度的建立。[1] 1951年9月，《最高人民检察署暂行组织条例》和《各级人民检察署组织通则》颁布实施，为全面建立新中国检察制度提供了法律基础。新建成的检察机关积极投身于镇压反革命和“三反”“五反”运动，侧重于参与巩固人民民主专政的政治斗争，未开展其他检察工作。

这一时期，我国实行统收统支的财政预算体制。新中国成立伊始，我国财政经济状况非常困难，物价飞涨，开支骤增，大量发行纸币，财政平衡缺乏物质基础。1950年2月，政务院召开全国财政会议，提出节约支出、整顿收入、统一全国财政的工作方针。从此，财政经济工作由新中国成立前各边区、解放区各自为政的分散管理进入到全国“统收统支”集中管理的时期。

与这一时期的国家形势和财政预算体制相对应，我国检察机关作为国家机构的一部分，实行的是中央统供的保障体制。百废待兴，政权组织建设首当其冲。检察机关忙于筹建机构、调配人员，谈不上其他的发展。找几间房子、支几张桌子、选几个干部，不讲条件、不问待遇、不谈困难，就开展工作，这就是当时包括检察机关在内的所有国家机关的真实写照。

二、检察制度初步发展阶段的检务保障

1954年9月，《中华人民共和国宪法》和《中华人民共和国人民检察院组织法》颁布实施，明确了检察机关的设置、领导体制、职权范围、活动原则、检察人员的任免等事项。1955年年底，全国各级检察机关基本建立起来；1956年上半年，各级铁路、军事等专门检察院也陆续建立。从1956年起，检察机关开展了审查批捕、审

---

[1] 何勤华主编：《检察制度史》，中国检察出版社2009年版，第34页。

查起诉工作，在审判监督和执行监督方面也有所进展。可以说，1956年至1957年上半年，是中国检察制度发展史上的第一个“黄金时期”。[1] 这一时期，我国实行的是统一领导、分级管理的财政预算体制，这一体制具体分为四个发展阶段：[2]“一五”时期实行侧重集中的划分收支、分类分成、分级管理的预算管理体制，财权主要集中在中央；“大跃进”时期以“下放财权”为主，探索适合本国国情的预算管理体制；60年代调整时期实行比较集中的预算管理体制；“文化大革命”期间预算管理体制采取了多种维持办法。在此期间，财政预算体制总的特点是根据当时的政治经济环境，调整变化较多、较大，但实质就是“高度统一、统收统支”。具体来说，检察制度的初步发展阶段正逢国家“一五”建设时期，实行的是以“分类分成”为核心的预算管理体制，国家将预算收入中的国营企业事业收入和各项税收划分为固定收入、固定比例分成收入和调剂收入三类，多收多分，少收少分。这一时期，中央预算的财力约占75%，地方预算支配的财力约占25%。

在这一阶段，检务保障的基础依然积弱。且因机构人员的较快增长和检察职能的逐步开展，检察机关对经费和物质的实际需求与财政保障供给的矛盾更显突出。由于以低价收购农副产品和城市职工低工资制为基础的特殊的财政收入机制，使国家财政几乎集中了物质生产部门所创造的所有纯收入；大而宽的财政支出机制，又使得国家财政控制了各地区、各部门以及包括检察机关在内的各机关企事业单位的大部分支出。因而，这在一定程度上抑制了相关主体

---

[1] 何勤华主编：《检察制度史》，中国检察出版社2009年版，第31页。

[2] 文炳勋：“新中国成立以来财政预算体制的历史演进”，载《中共党史研究》2009年第8期。

包括检察机关的积极性和创造性，甚至成为生产力发展的障碍，国家财政运转困难，机关企事业单位难以发展，检察机关的保障也面临同样的问题。

三、检察制度波折中断阶段的检务保障

1957年下半年开始，我国检察制度经历了第一个波折时期。同年开始的反右派斗争，检察机关在政法系统中首当其冲，法律监督职能遭受批判，大批检察干部遭受无情打击，检察机关被视为可有可无，检察职能受到严重削弱。1958年，“大跃进”中刮起的“共产风”“浮夸风”又一次冲击检察机关。各地政法部门实行“一长代三长，一员顶三员”的所谓联合阵地的错误做法，许多地方地县两级公检法机关合并为“政法公安部”，检察机关合并为公安机关下面的“法制室”“检察科”，实际上已经名存实亡。1960年，为克服“大跃进”和三年自然灾害所造成的经济困难，国家开始精简政府机构。1960年11月，中央决定将中央公检法三机关合署办公，全部撤销高检院原有的业务单位，有关业务由公安部门行使，原有在编人员287人，只保留24人。中央检察机关精简到如此地步，促动了本已名存实亡的地方检察机关大幅度精简，全国检察机关都处于有名无实状态。1966年，“文革”开始，各级政法机关遭到严重破坏，检察机关受害最为严重。1967年，各级检察机关由造反派组织夺权，检察制度被实际上废弃，检察工作陷于瘫痪。1968年12月，中央政法部门军代表联合起草的《关于撤销高检院、内务部、内务办三个单位，公安部、高法院留下少数人的请示报告》被批准，之后，先后撤销了最高人民检察院、军事检察院和地方各级人民检察

院。[1] 1975年1月，四届全国人大一次会议通过的《中华人民共和国宪法》规定“检察机关的职权由各级公安机关行使”，至此，检察制度被彻底撤销。

1949~1978年，在长达30年的时间内，受对检察机关法律监督职能的错误认识和“左”倾思想的影响，检察机关不断遭受挫折直至被撤销。在这种特殊历史背景下，检察机关不可能建立稳固的物质基础，更不可能在物质建设上有大的发展，即使仅有的一点基础，也在“文革”中丧失殆尽。

四、检察制度恢复重建阶段的检务保障

1978年3月，五届全国人大一次会议通过讨论决定，重新设置人民检察院，揭开了中国检察制度崭新的一页。1982年的《中华人民共和国宪法》进一步明确检察机关是国家的法律监督机关，检察机关真正获得了生机。

这一时期，我国实行的是“划分收支、分级包干”的财政预算体制。党的十一届三中全会以后，我国进入改革开放的时代，党和国家的工作重点转移到社会主义现代化建设上来。改革伊始，国家财政仍陷于困境。扩权让利、增强企业活力、提高经济效益、培植财源成为改革的主要任务。这种划分收支、分级包干，一定五年不变的体制，主要的特点是一改过去的全国“一灶吃饭”为各地方的“分灶吃饭”，财力分配由过去的“条条”为主改为以“块块”为主。[2] 由于在“文革”中被撤销机构，检察机关恢复重建时在物质

---

[1] 孙谦、刘立宪主编：《检察论丛（第2卷）》，法律出版社2001年版，第72页。

[2] 文炳勋：“新中国成立以来财政预算体制的历史演进”，载《中共党史研究》2009年第8期。

条件上一无所有，办公场所、办公设施、办案交通工具、通信工具，甚至最基本的纸、笔等办公用品都需要从头开始。同时，各项检察业务开始逐步开展，人员也快速增长，到1985年，正式定编就达14万人。在这种情况下，检察机关需要国家投入大量资金，为各级检察机关创造办公、办案必需的物质条件。而中央和地方正集中财力进行改革开放和现代化建设，难以顾及检察机关的保障需求。在供需矛盾越来越突出的情况下，检察机关开始寻找“皇粮”以外的“杂粮”渠道，以弥补财政拨款的不足。主要有以下几种：[1]

1. 经商创收

1983年中央允许党政机关办企业之后，全国兴起了一股经商热，一些检察机关也办起了“三产”。1985年下半年开始制止党政机关兴办企业之后，这股热潮开始降温，但并没有被完全遏制。1988年前后，“经商热”“公司热”在全国再度兴起。

2. “三来一补”

此即发案单位来人、来车、来钱，补助办案差旅费。这是在1982年开始严厉打击经济犯罪以后逐步出现的。这种既无合法性也无合理性的做法因在一定程度上保证了案件的及时查办，在当时检察机关保障的困境中逐渐为检察机关和发案单位所共同接受。

3. “以案养案”

20世纪80年代检察机关大量查办经济犯罪案件后，开始出现“以案养案”形式，一些检察院在查办一个新的案件没有办案经费时，就动用未结案件的暂扣款来使用。后来，也有不少检察院用暂扣款来购置装备和进行基本建设。在对暂扣款物管理不严以及地方财力无法提供充分保障的情况下，一些地方党政部门默许甚至支持

---

[1] 孙谦、刘立宪主编：《检察论丛（第2卷）》，法律出版社2001年版，第47页。

这种做法。

五、检察制度稳固发展阶段的检务保障

这一阶段，检察制度在两个方面的发展趋势明显:[1] 一方面，当性质定位得到基本确认以后，在检察职能上把握重点，在工作方向上找准当务之急便成为首当其冲的问题；另一方面，在提升检察人员素质和保障检察行为的规范性等领域有所作为，搞好检察制度的基础建设。

1994 年至今，我国实行分级分税的财政预算管理体制。1992 年的邓小平“南巡”讲话和党的十四大提出建立社会主义市场经济体制，标志我国经济体制改革和社会经济发展进入一个新时期。实行分税制是市场经济国家普遍实行的财政预算体制，我国分税制的主要内容是：根据财权与事权相统一的原则，合理划分中央与地方的收入来源、支出范围；中央对地方实行税收返还制度；中央实行规范的转移支付制度。

这一时期，检务保障“分灶吃饭、分级负担”体制体现得非常明显。随着改革开放和市场经济建设的深入，地方财力有了较大幅度的增长，普遍加强了对检察机关的保障，检察基础物质条件有了较大程度的改善，但是与检察工作快速发展需求的矛盾仍然十分突出。同时，随着东部和中部、西部经济发展差距加大，发达地区和欠发达地区检务保障的差距也越来越大。

为缓解经费困难，检察机关寻求“杂粮”弥补的途径又有了新的形式:[2]

---

[1] 何勤华主编:《检察制度史》，中国检察出版社 2009 年版，第 58 页。

[2] 孙谦、刘立宪主编:《检察论丛（第 2 卷)》，法律出版社 2001 年版，第 69 页。

1. 拉赞助

这种情况的大量出现是在20世纪90年代初。随着检察机关查办贪污贿赂等案件的大量增加，为国家和集体挽回的损失也越来越多，其职能和作用为社会所逐步认识与重视。在此背景下，一些单位为了表示对检察机关为其挽回损失的感谢，主动提出要向检察机关赞助钱和物；还有一些单位负责人希望与检察机关加强联系和得到法律帮助，主动给予检察机关赞助。这是拉赞助的两种主要形式，也存在一些检察机关利用检察职权向企业等单位主动索要赞助的情形。拉赞助所得主要用于购置装备和基本建设，也有少许改善干警福利补助及住房建设经费捉襟见肘的状况等。

2. 通过插手经济纠纷或乱收费、乱罚款而获得资金

这种情况出现得更晚一些，其背景是随着检察工作量的迅猛增加，经费供需矛盾进一步突出，极少数检察院受利益驱动，违反法律，越权办案，甚至违法收费、罚款。

六、检察制度纵深改革阶段的检务保障

自世纪之交开始，我国的检察改革越来越向纵深发展，大体包括前后两个阶段：[1] 在前一阶段，改革主要是自下而上，很多基层检察机关对一些创新的制度或举措进行了不同程度的探索；而后一阶段，主要是高检院在现有的立法框架内，对地方检察机关探索的部分有益经验进行稳固和全面推广，可定位为理性改革的时期。

这一时期，检务保障更趋于规范化。1998年，中央作出了政法机关不再从事经商活动和实行收支两条线的决定。在政法队伍的集中教育整顿活动中，高检院作出了“九条卡死”的硬性规定，堵死了一切

[1] 何勤华主编：《检察制度史》，中国检察出版社2009年版，第61页。

“杂粮”渠道。中央和地方普遍加大了政法检察保障力度，中央以转移支付的形式开始对包括地方检察机关在内的地方政法机关进行补助，且逐年加大力度。2009年，中办、国办出台了《关于加强政法经费保障工作的意见》，确立了“明确责任、分类负担、收支脱钩、全额保障”的体制。这一时期，是60余年来检务保障程度最高、保障程度最好的时期。主要表现在：中央和省转移支付、专项补贴投入比重不断加大；检察经费保障水平不断提高；县级人民检察院公用经费保障标准逐步落实到位；检察装备特别是科技装备配备不断加强；基础设施建设取得重大进展；赃款返还在经费来源中的比例不断下降，有的省份直至全部取消赃款返还的办法，实行真正意义的全额保障。同时，随着司法改革的深入和办案成本的增加，检察机关不断增长的法律监督任务与经费保障供给不足的矛盾仍较为突出；检察经费保障的结构性缺陷和区域性差异仍较为明显；检务保障的现代化、科学化需求加大对现有保障水平提出了新的更高的要求。

七、检务保障规模的发展趋势

“十二五”及今后一个时期，深化检务保障体制改革面临难得的发展机遇和有利条件：党中央对深化司法体制改革，完善政法检务保障体制提出了明确要求；人民群众对深化检务保障体制改革的呼声较高；国家调控财力的能力大幅提升为深化检务保障体制改革提供了有力支撑。为此，对检务保障体制的前景进行如下展望。

（一）中期趋势

实行中央与省两级预算分担，省级统一保障。[1] 其主要内容是：

[1] 徐汉明、何大春编著：《中国现代司法（检察）保障体制改革研究》，中国检察出版社2009年版，第23页。

全国政法检察机关的人员、装备及设施建设经费纳入中央财政预算并转移支付给各省，公用经费由省级预算统一安排，形成国家统一保障的过渡体制。

（二）远期趋势

纳入中央财政预算，实行国家统一保障。[1] 其主要内容是：全国政法检察机关的人员、公用、装备及基础设施建设经费全部纳入中央财政预算，实行国家统一保障。

第三节　检察经费保障

一、检察经费保障的沿革

回顾中国共产党领导下的人民检察制度的发展历程，可以厘清检察经费保障的几个阶段。

（一）配给制，或称军事配给制阶段

主要是革命战争年代，中国共产党为应对战争的需要，在革命队伍和苏区、边区政府中普遍实行的保障制度，检察机关也不例外。

（二）供给制阶段

这是改革开放前计划经济时代的产物，由国家统一安排生产、统一分配产品，凭计划指标予以控制和分配，当时的检察经费保障亦是如此。

（三）"分灶吃饭、分级负责"体制阶段

其产生于改革开放以后，尤其是以 1994 年财税体制分税制改革

[1] 徐汉明、何大春编著：《中国现代司法（检察）保障体制改革研究》，中国检察出版社 2009 年版，第 19 页。

为重要标志，其主要特点是按事权和财权相统一的原则，划分中央和地方政府的财税来源和支出范围。检察经费保障长期以来（恢复重建30余年来）就是实行的这种同级财政保障的模式。

（四）"明确责任、分类负担、收支脱钩、全额保障"体制阶段

2009年中央办公厅、国务院办公厅32号文件确定，依此体制对检察经费实行"分项目、分区域"分类保障。

二、检察经费的种类与使用范围

根据中办、国办《关于加强政法经费保障工作的意见》，检察经费划分为四大类，即人员经费、公用经费、业务装备经费和基础设施建设经费，其中公用经费分为日常运行公用经费和办案（业务）经费，基础设施建设经费分为办公基础设施建设经费和业务基础设施建设经费。

在检察机关，人员经费用于检察人员的各项工资福利支出及对个人和家庭的补助支出。日常运行公用经费用于检察机关日常的行政运行开支，保证机关的正常运转；办案（业务）经费用于办案（业务）。业务装备经费用于办案装备的配备。办公基础设施建设经费用于办公用房的建设，业务基础设施建设经费用于办案和专业技术用房的建设以及检察教育培训基础设施的建设。

在检察机关的经费支出管理办法中，办案（业务）经费支出和业务装备经费支出合称为检察业务费，其具体开支范围如下：

（1）业务装备费：包括检察业务技术装备费、业务综合保障装备费、司法警察装备费和其他业务装备费。

（2）办案费：包括办案差旅费、侦缉调查费、协助办案费、技术检验鉴定翻译费、专业补助费、邮电费、交通费、特情费、办案

补助费和其他办案费用。

（3）服装费：包括服装费和化妆服费。

（4）消耗费：包括器材设备消耗费、武器消耗费、办案用品消耗费和其他消耗费。

（5）专业会议费。

（6）业务租赁费。

（7）业务维修费。

（8）宣传费：包括检察宣传费、资料费和其他宣传费。

（9）教育培训费：包括专业培训费和教材考试费。

（10）奖励费：包括检察人员奖励费和其他人员奖励费。

（11）派驻机构经费。

（12）人民监督员经费。

（13）其他业务费：包括举报控申费、司法协助费、印刷费、物（证）保管费、检察政策理论研究费和其他支出。

三、检察经费的保障与管理

（一）检察经费保障

2009 年财政部制定了《政法经费分类保障办法（试行）》，2010 年国家发改委制定了《关于进一步加强地方政法基础设施建设规范投资保障机制的意见》，分别对地市级、县级政法检察机关的人员经费、公用经费、业务装备经费以及基础设施建设经费的保障作出了规定。

1. 人员经费

人员经费由同级财政予以保障。财政部门应按照“从优安排”的原则，及时足额发放编制内工作人员和离退休人员的基本工资、补助工资、岗位津贴等经费，妥善安排以上人员的基本医疗保障、住房补贴等经费。检察机关不得自行提高人员经费标准或扩大实施范围，不得用公用经费等弥补人员经费。全国检察机关 2003～2010 年人员经费收入情况见表 1－1、图 1－1，全国检察机关 2003～2010 年人平工资水平见表 1－2、图 1－2。

表 1－1　全国检察机关 2003～2010 年人员经费收入情况统计

（万元）

年度	2003 年	2004 年	2005 年	2006 年	2007 年	2008 年	2009 年	2010 年
经费收入	471 743	542 375	625 312	701 926	966 945	1 139 936	1 260 179	1 393 367

资料来源：根据 2003～2010 年最高人民检察院计财局财务决算报表整理。

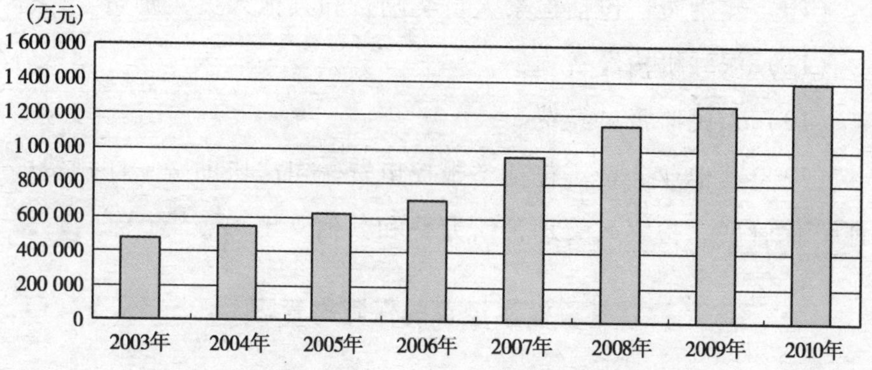

图 1－1　全国检察机关 2003～2010 年人员经费收入情况统计

表 1－2　全国检察机关 2003～2010 年人均工资水平统计　　（万元）

年度 地区	2003 年	2004 年	2005 年	2006 年	2007 年	2008 年	2009 年	2010 年
东部	3.12	3.67	4.24	4.66	5.45	6.29	6.55	7.19
中部	1.71	2.03	2.29	2.49	3.39	3.89	4.12	4.33
西部	1.87	2.10	2.35	2.62	3.34	3.94	4.25	4.53
全国平均	2.21	2.57	2.94	3.22	4.06	4.69	4.97	5.34

资料来源：根据 2003～2010 年最高人民检察院计财局财务决算报表整理。

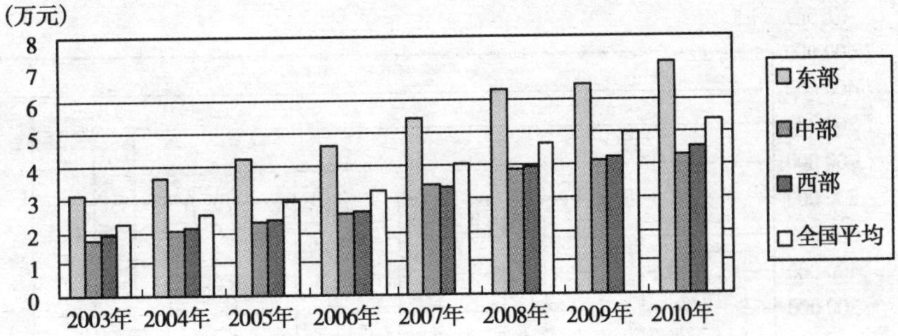

图 1-2 全国检察机关 2003~2010 年人均工资水平统计

2. 公用经费

日常运行公用经费：县级人民检察院由县级财政按照省级制定的标准予以保障，市级人民检察院由市级财政根据当地经济社会发展状况、本级财力水平以及检察机关上年实际支出水平等情况予以保障。办案（业务）经费：县级人民检察院由中央、省级和县级财政按省级制定的标准共同保障。其中，中部和西部县级人民检察院由中央和省级财政承担较高水平；东部县级人民检察院原则上由县级财政负担，省级财政对相对困难的县级人民检察院予以补助，中央财政予以奖励性补助。市级人民检察院原则上由市级财政予以保障，维稳任务重的地区及中部和西部经济困难的地区由中央、省、市级财政共同负担。全国检察机关 2003~2010 年公用经费收入情况见表 1-3、图 1-3，全国检察机关 2003~2010 年人均公用经费收入情况见表 1-4、图 1-4。

表 1-3 全国检察机关 2003~2010 年公用经费收入情况统计

（万元）

年度	2003 年	2004 年	2005 年	2006 年	2007 年	2008 年	2009 年	2010 年
经费收入	512 655	587 347	709 481	817 956	978 229	992 673	1 206 925	1 354 590

资料来源：根据 2003~2010 年最高人民检察院计财局财务决算报表整理。

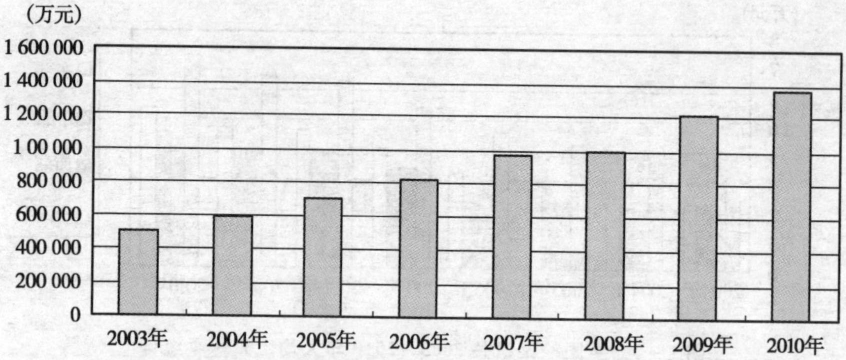

图 1－3　全国检察机关 2003～2010 年公用经费收入情况统计

表 1－4　全国检察机关 2003～2010 年人均公用经费收入统计　　（万元）

年度 / 地区	2003 年	2004 年	2005 年	2006 年	2007 年	2008 年	2009 年	2010 年
东部	3.37	3.73	4.28	4.74	4.79	4.60	4.80	5.29
中部	2.02	2.49	3.04	3.47	4.00	4.08	5.09	5.62
西部	1.84	2.14	2.64	3.04	3.46	3.52	4.30	4.53
全国平均	2.40	2.79	3.33	3.76	4.11	4.09	4.76	5.19

资料来源：根据 2003～2010 年最高人民检察院计财局财务决算报表整理。

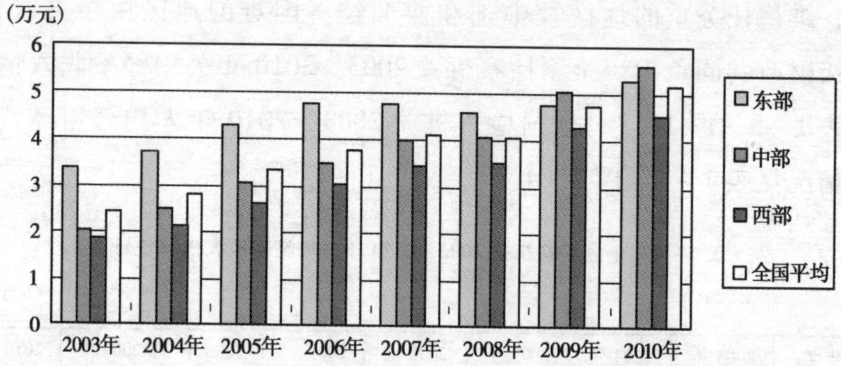

图 1－4　全国检察机关 2003～2010 年人均公用经费收入统计

3. 业务装备经费

中部、西部县级人民检察院由中央、省、县级财政共同负担，并由中央、省级承担较高水平；东部县级人民检察院原则上由县级财政负担，省级财政对相对困难的县级检察院予以补助，中央财政予以奖励性补助。市级人民检察院原则上由市级财政予以保障，维稳任务重的地区及中部和西部经济困难的地区由中央、省、市级财政共同负担。为提高业务装备经费的使用效益，优先考虑跨部门或跨区域的共享装备的保障。全国检察机关2003~2010年业务装备经费收入情况见表1-5、图1-5，全国检察机关2003~2010年人均装备经费收入情况见表1-6、图1-6。

表1-5　全国检察机关2003~2010年业务装备经费收入情况统计

（万元）

年度	2003年	2004年	2005年	2006年	2007年	2008年	2009年	2010年
经费收入	122 569	141 993	163 461	192 257	168 501	247 740	342 992	478 477

资料来源：根据2003~2010年最高人民检察院计财局财务决算报表整理。

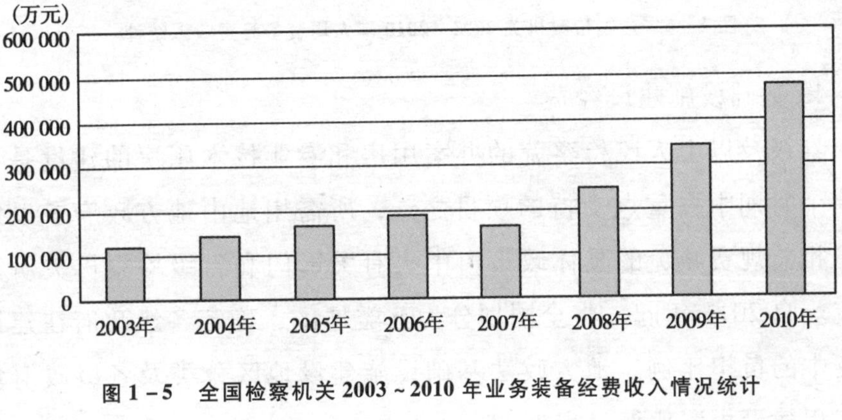

图1-5　全国检察机关2003~2010年业务装备经费收入情况统计

表 1－6　全国检察机关 2003～2010 年人均装备经费收入统计

（万元）

年度 地区	2003 年	2004 年	2005 年	2006 年	2007 年	2008 年	2009 年	2010 年
东部	0.78	0.81	0.83	0.93	0.78	1.32	1.20	1.72
中部	0.44	0.56	0.81	0.88	0.79	0.92	1.32	1.81
西部	0.53	0.67	0.64	0.84	0.51	0.82	1.58	2.00
全国平均	0.57	0.67	0.77	0.88	0.71	1.02	1.35	1.83

资料来源：根据 2003～2010 年最高人民检察院计财局财务决算报表整理。

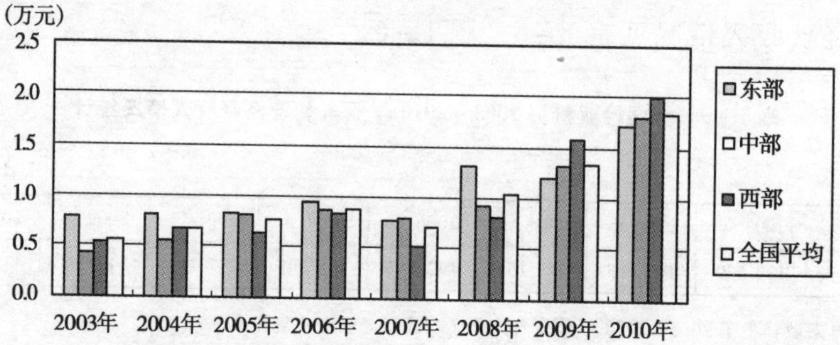

图 1－6　全国检察机关 2003～2010 年人均装备经费收入统计

4. 基础设施建设经费

县级及以上人民检察院的办案用房和专业技术用房的建设是今后一个时期中央重点支持的项目之一，所需用地由地方政府予以划拨，相关规费减免的具体政策由中央有关部门和省级检察机关研究制定。自 2011 年起，将全国划分为五类地区，确定各级政府在建设投资中的负担比例。地方政法基础设施建设地区分类及各级政府负担工程建设投资比例见表 1－7。

表 1－7　地方政法基础设施建设地区分类及各级政府负担工程建设投资比例

类别	地　区	投资负担比例（%）			备　注
		中央	省级	同级	
一类地区	西藏自治区、新疆困难地区、新疆生产建设兵团	100	0	0	新疆困难地区包括南疆三地州、国家扶贫开发工作重点县和边境县市
二类地区	维稳任务重及经济困难地区	85	15	0	包括四川、云南、甘肃、青海四省藏区，新疆困难地区之外的其他地区，国家扶贫开发工作重点县
三类地区	西部和中东部除国家扶贫开发工作重点县之外的享受西部地区政策的县（市）	70	25	5	—
四类地区	中部和东部享受中部地区政策的县（市）	50	25	25	东部享受中部地区政策的县（市）包括福建省 32 个县（市）
五类地区	东部地区	30	30	40	—

资料来源：厅字［2011］4 号中共中央办公厅、国务院办公厅转发《国家发展和改革委员会关于进一步加强地方政法基础设施建设规范投资保障机制的意见》的通知附件一。

（二）检察经费管理

包括执行预算法、会计法等财经管理法规，加强预算收入和支出管理，既科学编制预算、力争增加预算收入，又增强预算的刚性约束、确保重点支出；推行重大装备和设施建设的政府采购、招投标、国库集中支付等改革举措，确保重大资金使用效益的最大化；执行重大开支集体决定和财务审批“一支笔”制度，加强经费使用的统筹安排；执行收支两条线管理的各项规定，防止和纠正收支与赃款收入挂钩，严肃查纠坐收坐支、挪用赃款的违纪违法行为；执行国家规定的开支范围和标准，积极开展减支节约活动，大力推进节约型机关建设；建立健全财务监管、审计监督机制，提高资金监管水平。

第四节　检察装备建设

检察装备建设是检务保障工作的重要内容，是以实体设备为基础、办案所需为导向、配备标准和专项经费为保障的重要工作，是检察机关充分利用和有效管理物质设备资源、提高办案质量和办案效率的有效手段，是检察机关依法履行法律监督职责、全面开展各项检察业务的物质基础和重要条件。

一、检察装备保障的沿革

自检察机关恢复重建以来，装备建设大致经历了三个阶段。

（一）计划配置阶段

1984 年以前，我国实行的是计划经济体制，社会的生产和分配全部由国家按计划调节。检察机关没有单独的财政和银行户头，所需装备只能依靠当地政府财政部门根据计划及财力状况予以调配。当时，检察系统普遍存在着“三靠”“三缺”现象：现场勘察靠双腿，技术鉴定靠公安，数字统计靠算盘；缺经费，缺刑事技术设备，缺现代化管理设备。

（二）定编控制阶段

1984～1992 年，我国实行的是有计划的商品经济体制。由于社会主义生产资料公有制建立在不十分发达的生产力基础上，因此，社会经济中存在着全社会范围内按计划分配社会总劳动和因社会劳动无法直接计算而必须借助价值来间接计算这两种客观必然性，形成了计划经济与市场调节有机结合的调控模式。这一时期，全国检察机关陆续开设了单独的经费户头，有了一定的经费开支权，在国家下达的检察装备的定编指标内，结合财力状况和办案需要逐步购置。1989 年 3 月，高检院组织召开了重建以来第一次全国性装备工作会议；同月，下发了《检察机关计划财务装备工作五年规划》和《检察机关技术装备五年规划分期分批实施意见》；同月，国办转发了高检院和国家计委《关于加强检察机关侦查手段设施建设的意见》，第一次正式通过文件的形式对全国检察机关的装备建设进行规划指导。

（三）定编控制与有效供给相结合阶段

自 1992 年以来，我国实行社会主义市场经济体制，主要依靠市场来调节生产和分配。随着市场经济体制逐步完善，经济快速发展，司法保障体制和工作机制深入推进，检务保障力度加大，国家在对检察装备进行定编指导的同时，通过逐年加大中央转移支付资金额度的形式，实现对检察装备的有效保障。这一时期，高检院先后制定了《检察机关计划财务装备工作第二个五年规划（1994～1998）》《人民检察院基础设施建设和科技装备 2001～2005 年发展规划》《全国检察机关器材设备配备工作纲要》《地方各级人民检察院业务用车编制标准》《人民检察院司法警察装备配备暂行规定》《人民检察院 2008～2010 年科技装备发展规划纲要》《2009～2013 年人民检察院司法鉴定实验室建设规划》《县级人民检察院基本业务装备配备指导标准（试行）》等指导性文件，根据经济社会的发展和检察工作的实际需要，不断完善检察装备配备的标准体系，指导全国检察机关装备建设逐步由传统、常规配备向现代化、科技化配备转变。

湖北省检察机关在装备建设方面走在全国的前列。1989 年 1 月，湖北省检察院上报了《关于增强检察系统侦查能力 提请省财政给予补贴的意见》，提出了 1989～1992 年全省三级检察机关应配备的装备项目及资金数额，在全国检察机关率先推行装备配备标准。《意见》得到了湖北省政府主要领导和省财政厅的支持，省财政厅和省检察院联合发文《关于解决我省检察机关应急侦查技术装备的通知》（鄂财文字［89］第320号）予以落实。高检院专门转发了这份文件，并以简报的形式宣传了湖北省检察院装备工作的做法，供全国检察机关参考。

二、检察装备建设的主要内容及其管理

（一）检察装备建设的主要内容

2010年，高检院会同财政部制定了《县级人民检察院基本业务装备配备指导标准（试行）》，明确县级检察业务工作基本装备标准分为三类，即检察业务技术装备、检察业务综合保障装备和司法警察装备。该标准的优点在于考虑了各地检察院在人员编制、财力、地域、工作任务和办案成本等方面的差异，选择能反映各地综合情况的人员编制作为分类的主要依据，不足之处在于只明确了检察业务工作所需的装备，且是最基本、最必备、最低标准的装备，未明确检察综合工作所需的装备，也未体现适度前瞻的原则。有专家学者提出，按装备用途将检察装备项目分为检察业务类、技术检验鉴定类、综合类、基础信息网络类、人员教育培训类。[1]

1. 检察业务类装备

包括侦查指挥、反贪污贿赂、反渎职侵权、侦查监督、公诉与死刑复核监督、监所检察、民事行政检察、控告申诉检察、职务犯

[1] 徐汉明、何大春编著：《中国现代司法（检察）保障体制改革研究》，中国检察出版社2009年版，第203～204页。

罪预防、检察委员会及法律政策研究（人民监督员办公室）、司法警察工作装备，分为常规办公装备、专用办案装备。

2. 技术检验鉴定类装备

包括常规办公、法医检验鉴定、文件和痕检检验鉴定、司法会计检验鉴定、视听资料检验鉴定、理化检验鉴定、心理测试、电子证据检验鉴定设备。

3. 综合类装备

包括院领导、政工（干部人事、宣传、党务、工会群团、老干）、办公（文秘、文书、统计、档案、机要、外事、督办、文印、收发）、计财、纪检监察的工作装备。

4. 基础信息网络类装备

包括基础网络平台（专线网、局域网、因特网、政务网“四网”）、网络运行支撑平台（安全保密中心、数据中心、网管中心、研发中心、运维中心、应用培训中心“六个中心”）、网络应用系统平台（视频会议系统、专网语音系统、即时通信系统、数据交换系统、综合信息发布系统、自动化办公系统、业务信息管理系统、队伍信息管理系统“八系统”）装备。

5. 人员教育培训类装备

包括常规设备、教学设备、图书馆（图书室、电子阅览室）、体能训练馆（训练室、训练场）、打靶场［实验场、实验室（侦查技术实验、模拟检察实验）］装备。

（二）检察装备建设管理

加强装备管理工作，是最大限度地发挥现代科技手段充分保证办案工作顺利进行的基础和前提。坚持装备建设标准化、装备采购一体化、装备使用规范化、装备维护专业化、装备更新制度化，最终实现装备管理科学化的目标。

1. 装备建设标准化

严格执行高检院制定的装备配备标准，实现全国检察机关装备配备的上下一体、整齐划一、兼容互通；严格执行《行政单位国有资产管理办法》，建立全国检察系统装备管理制度体系，实现统一管理和控制。

2. 装备采购一体化

实行以省级检察院为主导的装备统一采购制度，由省级检察院制定每年的必配装备采购计划，统一上划采购资金，实行集中政府采购。

3. 装备使用规范化

严格执行高检院、省级检察院及其他行政管理部门制定的装备操作规范，程序化操作，规范化使用，提高装备的使用效率。

4. 装备维护专业化

培养专业化人才或聘请专业维护机构，注重装备的日常保养和维修，延长装备的使用寿命。

5. 装备更新制度化

遵循国家规定或业内认同的装备更新的标准，避免随意性，实现装备更新的制度化。

第五节　检察信息化建设

一、背景条件

继工业技术革命之后，世界科技革命又历经化工技术革命、电力技术革命、高技术革命，形成了四次生产力高潮。“二战”之后，世界科技革命迅猛发展，先后掀起了核能技术革命、空间物理技术革命、生物工程技术革命、微处理技术革命、IT产业技术革命及新型材料技术革命，在短暂的60多年时间里，形成六次生产力高潮。这是在第二次世界大战后特定的历史背景下产生的，是世界各国政治、经济、文化、军事等因素相互作用的结果。这场震撼人心的新科技革命发源于美国，之后迅速扩展到西欧、日本、大洋洲和世界其他地区，涉及科学技术的各个重要领域和国民经济的一切重要部门。其规模之大、速度之快、内容之丰富、影响之深远，在人类历史上都是空前的。在新科技革命和社会生产力发展的推动下，自20世纪90年代开始，经济全球化成为世界经济发展的重要趋势。社会再生产的各个环节（生产、分配、交换、消费）和各种资本形态（货币资本、生产资本、商品资本）的运动超出国界，国际分工从过去以垂直分工为主发展到以水平分工为主的一个新阶段；世界贸易增长迅猛，多边贸易体制开始形成；国际资本流动达到空前规模，金融国际化的进程加快；跨国公司对世界经济的影响日增；国际经济协调的作用日益加强。在此背景下，1993年9月，美国政府宣布了“国家信息基础结构的行动计划”，俗称“信息高速公路计划”，立即引起了全世界的瞩目。[1]

我国一直高度重视信息化工作。20世纪90年代，相继启动了以金关、金卡和金税为代表的重大信息化应用工程；1997年，召开了

---

[1] 信息高速公路是一个连接各行各业及千家万户，能提供电话、数据、图像等综合业务的交互式宽带网络。信息高速公路是由通信网络、计算机、信息和个人四个基本要素构成的。如果将以光纤为主的传输通信网络比作“路”的话，采集、加工、处理、存储各种信息的计算机系统则可以比作“车”，各种各样的信息就可以比作“货”了。“路”越宽、跑的“车”就越多，“车”越大，拉的“货”就越多。人则是运用先进技术，建设“信息高速公路”的关键。

全国信息化工作会议；党的十五届五中全会把信息化提到了国家战略的高度；党的十六大进一步作出了以信息化带动工业化、以工业化促进信息化、走新型工业化道路的战略部署；党的十六届五中全会再一次强调，推进国民经济和社会信息化，加快转变经济增长方式。“十五”期间，国家信息化领导小组对信息化发展重点进行了全面部署，作出了推行电子政务、振兴软件产业、加强信息安全保障、加强信息资源开发利用、加快发展电子商务等一系列重要决策。“十一五”期间，制定了《2006～2020年国家信息化发展战略》，明确到2020年我国信息化发展的战略目标是：综合信息基础设施基本普及，信息技术自主创新能力显著增强，信息产业结构全面优化，国家信息安全保障水平大幅提高，国民经济和社会信息化取得明显成效，新型工业化发展模式初步确立，国家信息化发展的制度环境和政策体系基本完善，国民信息技术应用能力显著提高，为迈向信息社会奠定坚实基础；具体目标是：促进经济增长方式的根本转变；实现信息技术自主创新、信息产业发展的跨越；提升网络普及水平、信息资源开发利用水平和信息安全保障水平；增强政府公共服务能力、社会主义先进文化传播能力、中国特色的军事变革能力和国民信息技术应用能力。[1]

检察信息化是国家信息化战略的重要组成部分。近年来，高检院领导全国检察机关加快了信息化建设的进程，先后制定了《2005～2007年检察信息化建设与发展规划（纲要）》《2009～2013年全国检察信息化发展规划纲要》等指导性文件，为检察信息化建设的深入推进指明了方向。检察信息化建设的依据是国家信息化的目标任务、方针原则与政策措施，实施主体是以高检院为主导、以

[1] 中办、国办印发：《2006～2020年国家信息化发展战略》。

省级检察院为骨干、以基层检察院为依托的各级人民检察院。为此，有专家学者提出，所谓检察信息化，是指检察机关根据国家和检察机关信息化建设的目标、任务、方针和原则进行统筹规划和组织，在法律监督、队伍建设、检务管理方面应用现代信息技术，有计划、有步骤地开发和应用各类信息资源，加速实现检察现代化的进程。[1]

二、检察信息化建设的性质、地位与作用

检察信息化是以应用为主导，以资源为核心，以网络为基础，以人才为依托，以政策、法规、标准、管理等为保障的综合工作体系，是检察机关充分利用现代信息技术，深入开发、广泛利用和有效管理检察信息资源，促进信息交流和资源共享，实现检察工作现代化的工作进程。检察信息化是检察机关围绕国家信息化发展格局，在检察工作中广泛运用现代网络信息技术，深入开发利用信息资源，逐步实现电子检务，推进检察工作现代化的过程。国家信息化、政务信息化的有机组成部分，是检察工作的重要组成部分。随着国家信息化的稳步推进和检察事业的深入发展，加快推进检察信息化建设已经成为一项十分急迫的任务。在检察业务、队伍、信息“三位一体”机制的建设中，信息化是有效载体和重要条件。实施信息化，能推动检察业务网络化和规范化，提高办案效率和质量，强化内部监督制约，保障公正执法；实施信息化，能促进检察队伍专业化，提高法律监督能力和社会公信力；实施信息化，能带动管理科学化，创新管理方式，提高工作效能；实施信息化，能推进保障现代化，提高检务保障能力和水平，全面提升检察机关正确履行法律监督职责的能力。

---

[1] 徐汉明同志在全国检察机关信息化建设工作会议上的讲话。

三、检察信息化建设的基本内容

高检院制定的《2009～2013年全国检察机关信息化发展规划纲要》，将检察信息化建设分为五类15项。

（一）检察业务信息化

1. 职务犯罪侦查与预防信息化建设

（1）建设配置合理、安全实用、互联互通的侦查指挥中心、办案工作区和看守所检察讯问室信息系统，完善同步录音录像系统，逐步实现讯问、监控和指挥一体化，形成高检院、省级检察院、地市级检察院、县区级检察院互联互通的职务犯罪侦查指挥网络。

（2）跟踪并适当运用新一代通信技术实现移动实时侦查指挥功能。

（3）高检院和省级检察院会同有关部门推动建立职务犯罪情报信息综合查询平台，实现人口、户籍、车辆、出入境、工商、税务、房产、证券、保险等涉案信息的共享和查询。

（4）建立职务犯罪信息数据库，应用职务犯罪案件信息管理系统和办案专用软件，逐步实现网上线索管理和案件审批。

（5）完善职务犯罪预防信息系统，有效分析犯罪动态趋势，充分发挥行贿犯罪档案查询系统作用。

（6）逐步建立个案协查与司法协助信息系统。

2. 侦查监督信息化建设

（1）建立侦查监督信息数据库，推进与公安机关的信息共享，建立刑事案件发案、报案、立案、采取强制措施信息与案件批捕信息交换、共享机制，实现网上办理审查逮捕案件。

（2）建立检察机关监督行政执法机关移送涉嫌犯罪案件信息库，推行与行政执法机关的信息交换与共享，推进行政执法与刑事司法信息共享平台建设，实现“网上衔接，信息共享”。

（3）逐步建立职务犯罪案件审查逮捕远程提讯系统。

3. 公诉信息化建设

（1）建立公诉和刑事审判监督信息数据库（含死刑案件信息、死刑复核法律监督信息），通过审查起诉信息系统实现网上办理审查起诉和复核案件。

（2）继续推行多媒体出庭示证系统的应用，探索建设出庭公诉远程指挥系统。

（3）推进与公安、法院等其他司法部门的诉讼信息交换与共享平台建设。

4. 监所检察信息化建设

（1）建设刑罚执行和监管活动监督数据库，通过看守所、监狱、劳教所、监外执行检察信息系统，实现网上办理监所检察案件、网上查询刑罚执行和监管活动监督信息。

（2）建设派驻检察室与监管场所信息系统和监控系统联网的驻所检察监督平台，实现对监管场所的动态监督。

5. 控告申诉检察信息化建设

（1）建立控告举报申诉数据库，通过控告举报信息系统、刑事申诉信息系统和刑事赔偿信息系统，实现网上办理控告举报、刑事申诉和刑事赔偿案件。

（2）建立完善网上举报、电话举报、传真举报、来信来访的统一受理平台，完成全国统一的12309电话举报系统建设，实现上下级检察院控告举报信息网上分流。

（3）建立与党委、人大、政府和其他政法部门的信访信息交换系统。

（4）探索利用信息化手段实现远程接访。

6. 民事行政检察信息化建设

（1）建立民事审判和行政诉讼监督数据库，通过民事行政检察信息系统，实现网上办理民事行政检察案件。

（2）建设与法院等其他司法部门的诉讼信息交换与共享平台。

7. 检委会工作信息化建设

进一步推进检委会议事信息系统的应用。

8. 检察技术信息化建设

（1）建立检验鉴定信息数据库，利用检验鉴定信息系统，实现网上办理技术检案。

（2）利用信息化手段开展远程会检、异地文证审查等工作。

（二）检察办公信息化

9. 综合办公信息化建设

（1）利用网上办公系统，推行网上公文处理应用，实现公文网上流转、网上签批、网上归档，继续推广和普及电子邮件、综合信息发布等基本应用。

（2）完成检察机关机要文件安全传输通道系统的建设，推广机要文件管理系统（包括计算机定密系统和二维条码系统）应用，全面实现纸质机要文件的全过程管理，提高文件登记和领导批示等信息的登记、管理和查询效率。

（3）加强综合信息服务系统建设。以高检院和省级检察院为主，建设公共信息资料查询系统，建立业务规范性文件数据库、网上多媒体资料库、电子图书馆、法律法规库、司法解释和典型案例库等，为全体检察人员提供便捷的信息查询服务。

（4）进一步推进检察统计、检察档案信息化建设。进一步加大现有各类案件统计数据资源的开发利用力度，实现按需生成案件信息统计数据。

10. 人民监督员工作信息化建设

利用人民监督员案件信息系统，实现人民监督员监督案件的网上办理。

(三) 检察队伍信息化

11. 队伍管理信息化建设

(1) 利用检察队伍管理信息系统（含党建党务管理系统、离退休人员管理系统)，建立检察队伍信息数据库，为干部考核、任免提供决策支持。

(2) 利用网上绩效考核系统，围绕提高办案和业务工作质量的要求，科学记录检察人员实绩，形成工作和执法档案，逐步实现对检察人员的绩效考核和科学评价。

(3) 利用检察机构管理系统、检察官等级管理系统、纪检监察信息系统、检务督察信息系统，推进内部执法监督工作的信息化应用。

(4) 依托检察专线网，建设高检院、省级检察院两级远程教育平台，积极推行远程在线教育、考试、考核等。

(四) 检务保障信息化

12. 检务保障工作信息化建设

利用检察机关财务管理、装备管理、国有资产管理、政府采购管理和综合事务管理等信息系统，实现检务保障工作网络化管理，提高检务保障现代化水平。

(五) 信息化基础建设

13. 基础网络和信息化应用系统平台建设

(1) 实施检察机关一级专线网升速扩容后期工程，加快二、三级专线网和局域网建设步伐。到2013年，二、三级专线网和局域网全部建成，派驻检察室等分支网络覆盖率达到80%，与网络系统配套的机房设施不断完善。

（2）建成检察专线网的检察院要同步建设高质量、高清晰的视频会议系统和专业化电视电话会议室。

（3）加快互联网门户网站建设。2010年，省级检察院已全部完成互联网门户网站建设，同步完成统一平台建设，建立检务信息公开、控告举报、申诉案件信息查询等系统，为本地区各级检察院开展互联网应用提供服务。到2013年，所有地市级检察院和东中部地区80%的县区级检察院将建成互联网站（页）。

（4）加快数据中心建设。高检院、省级检察院和地市级检察院建设数据中心，为各项应用系统提供数据交换和共享的平台，承担信息集中存放、数据交换共享的任务，实现信息资源整合和开发利用。

（5）建设由高检院和省级检察院组成的检察专网管理中心，实现检察专网的远程监控、调度与管理。

（6）适时建设满足检察工作需要的一级专线网和东中部地区二、三级专线网备用传输通道。

14. 信息安全保密建设

（1）建立、健全安全保密管理和技术体系。完善安全保密基础设施，配置加密机（卡）、防火墙、入侵检测、安全审计、漏洞扫描、网络防病毒、保密管理和检查等系统和设备，制定并完善安全保密制度和策略，健全安全保密管理机制，形成统一有效的安全保障体系。

（2）建立数据存储备份系统，逐步建设灾难恢复系统，实现异地远程备份。

(3) 建设以密码技术为基础的网络信任体系，开展身份认证、授权管理、责任认定等工作。

(4) 加快建立全国检察机关密钥管理中心和分中心，实现对各类密码设备的证书签发、认证和管理，完成与国家密钥管理中心的对接工作。

(5) 完成检察机关涉密信息系统分级保护测评工作和非涉密信息系统等级保护备案登记工作。

15. 信息化标准与规范建设

贯彻执行国家和行业标准，围绕检察信息化发展、信息技术应用、信息资源开发共享等要求，注重与相关社会机构合作，组织制订相关配套标准。高检院牵头组织检察业务和信息化专家按照统一规划、统一规范的要求，制定和修改完善检察业务、队伍、保障和信息化等方面的标准与规范，并建立标准与规范的动态更新机制，为统一设计信息化应用系统奠定基础。

四、检察信息化建设的应用及管理

(一) 检察信息化建设的发展与应用

自2000年高检院召开全国检察机关科技强检工作会议以来，各级检察机关按照统一部署，有计划、有步骤、有重点地推进检察信息化。检察信息化建设从无到有，从单一到全面，实现了跨越式发展，为检察机关正确履行法律监督职能提供了坚实的科技支撑。

1. 信息化基础网络建设成效明显

各级检察机关不断推进信息化网络平台和基础设施建设，专线网、局域网、互联网“三网”建设发展迅速。已基本建成覆盖所有检察院的，集数据、视频、语音功能为一体的全国性专用网络平台，为各项检察信息化应用的开展打下了良好的基础。

2. 信息化应用工作全面推进

各级检察机关依托本地资源，创新思维，积极探索，按照目标管理、节点考核、动态监督、过程控制的方法，积极推行信息化在检察业务、检察办公、队伍管理和检务保障中的具体应用，初步实现了办公、办案的网络化管理。这些应用成果在提高工作效率、规范执法行为、保证办案质量、强化内部监督等方面发挥了重要作用，切实增强了检察工作的科技含量。

3. 信息化安全保密建设稳步发展

各级检察机关坚决贯彻落实党和国家关于安全保密工作的部署，积极构建主动防御、综合防范的安全保密防护体系，检察信息化安全保密建设呈现了良好的发展态势。

4. 信息化人才队伍建设进一步加强

各级检察机关采取多种措施，强化检察人员科技素质培训，提高了检察人员信息化应用能力。信息化专业人才的引进力度逐年加大，专家型、复合型人才培养步伐加快，为推进检察信息化提供了有力的人才保障。

（二）检察信息化建设管理

检察信息化建设的管理包括几个重点环节：基础建设环节、日常维护环节、安全管理环节。

1. 基础建设

检察信息化基础建设要规范化进行。根据国家信息化发展战略，高检院在制定两个《规划纲要》的基础上，先后制定了各种规范化建设标准，如《全国检察机关一级专线网通信平台管理规定》《全国检察机关一级专线网电视电话会议系统管理规定》《全国检察机关信息网络系统域名管理规范》《人民检察院派驻看守所检察室与看守所监控系统联网建设规范》《最高人民检察院机关信息化工作管理办法》《省级检察院电视电话会议室建设规范》《关于开展检察机关信息系统安全等级保护定级工作的通知》《关于进一步加强检察机关互联网站信息安全工作的通知》《检察机关统一应用软件基础平台建设标准》《检察机关统一应用软件数据交换平台建设标准》等，明确提出检察信息化工作以“大统一”（统一规划、统一标准、统一设计、统一实施）为基本原则，以“推进建设，突出应用，加强管理”为工作思路，并对基础网络、机房、视频会议室等各项基础设施从基本环境、视频系统、音响系统、照明系统、运行条件、电源、接地、布线等各方面提出了规范化的要求。全国检察机关都要按照这些规范，抓好建设环节的各项工作。

2. 日常维护

在检察信息化设施的日常维护上要体现制度化、遵循科学性、反应快速化。管理员和操作员要分日、月、年等周期定期对网络、设备进行维护。日维护内容：机房（含各种信息化设备所在机房，下同）清洁度、温度、湿度等运行环境的检查和电源监控系统查看；相关设备运行状态、风扇状态检查；网络连通性测试等。月维护内容：在日维护内容的基础上，还应包括机房电源（直流/交流）的检测，网络设备和加密设备所有接口状态检查等，上级检察机关管理员还应做好配置命令正确性检查、路由正确性检查、设备日志内容检查等工作。年维护内容：在日、月维护内容的基础上，还应包括设备风扇维护、防尘网清洗、机柜清洁，地线连接检查、地阻检测；电源系统检测（含 UPS 电池检测或更换），业务线缆连接检查（含标签检查）等，上级检察机关管理员还应做好远程维护功能测试、系统状态查询、系统时间校正、用户名及登录口令更改、所有配置数据文件备份等。当维护管理中发现故障后，要及时定位和排除故障，认真记录好故障发生时间、故障现象，并进行故障原因分析；当设备硬件损坏需要更换时应及时修改设备档案，当修改配置参数时应及时更新备份配置数据文件；当故障重大或可能影响上下级检察机关之间的互联互通时，要在排查故障的同时及时报告上级检察机关、通知下级检察机关。

3. 安全管理

安全问题是检察信息化工作最敏感、最棘手的问题，是检察信息化管理工作的重中之重，必须慎之又慎。要正确处理发展与安全、建设与防范、管理与保障等方面的关系，坚持建设、应用与安全并重，边建、边用、边防，建防用并举，以用促建，以防保用。特别要加强网络安全保密体系建设，按照信息安全保障与检察信息化同步规划、同步建设、同步发展的原则，根据检察信息化建设的不同阶段，综合平衡成本和效益，采取相应的安全措施和手段。既不能因为网络安全保密不过关而影响信息化应用进程，更不能因为网络安全保密措施不落实而发生任何泄密问题，确保该公开的公开，该保密的保密：（1）根据国家对网络信息安全要求，结合检察信息化实际需要，制定科学合理、切实可行的网络信息安全规划和方案。（2）建设符合安全标准的机房环境和布线系统，严格实行专网和互联网分离，加强设备及场地安全管理，提高实体安全水平。（3）采用安全级别高的网络服务器平台，选用安全的操作系统和数据库管理系统，采用适当的备份和灾难恢复措施，建设异地备份中心。

(4) 加强对计算机病毒的防范，部署防病毒系统。(5) 综合应用多种技术，提高网络安全性。采取防火墙、代理技术控制网络行为；采取端口扫描、入侵检测技术帮助发现系统漏洞，防范非法入侵；采用加密技术，保证数据传输安全；采取访问控制技术，保障系统和数据访问安全；加强网络级、系统级、数据库级和应用级内部审计，防止来自内部的攻击和破坏。(6) 建设网络信任与身份认证体系。(7) 加强检察人员网络信息安全教育和岗位培训，普及信息化安全知识，制定严格的规章制度。未经上级检察院批准，任何单位和个人不得将专线网直接或间接地与其他网络相连接。严禁越权管理设备，非法破解他人密码。严禁无关人员进入网络中心机房，因工作原因需要进入机房时，必须由网管员或加密机管理员全程陪同。技术资料及软件，必须妥善保管，严格借阅手续，未经批准，不得带出检察院机关，不得给无关人员查阅、摘抄和复制。

第六节　检察基础设施建设

一、检察基础设施建设的性质、地位与作用

检察基础设施是体现国家法律尊严和司法权威，展示司法文明和法治精神，进行司法活动的法定场所，也是人民检察院落实司法为民要求的重要设施。

办案用房是人民检察院在履行法律监督职能过程中，专门用于查办和预防职务犯罪、侦查监督、公诉和审判监督、执行监督和控告申诉等因安全、保密需要而相对独立设置的特殊用房。人民检察院是国家法律监督机关，依照法律规定履行法律监督职能，在具体行使职权的过程中，需要接待群众来访、举报、申诉，对相关当事

人采取拘留、逮捕等强制措施，进行询问、讯问、缉捕等侦查活动，以及对刑事案件审查、批捕、起诉等。这些诉讼活动对安全性、保密性要求很高，必须设置相对独立且具有特殊设施的专门用房，才能保证准确及时地查明犯罪事实，正确应用法律，处罚犯罪分子，并切实保证相关当事人的合法权利。

专业技术用房是检察机关在履行法律监督职责过程中，运用各种专业技术手段和专门设施条件进行检验、鉴定等而需相对独立设置的特殊用房。根据刑诉法规定，任何证据都必须经过查证属实，才能成为定案的根据。人民检察院在进行诉讼活动过程中，为查明案情，需要对与案件有关的场所、物品、人身进行勘验、检查，同时为解决案件中某些专门性问题，对有关证据进行审查、鉴定等。这些活动需要通过专业技术手段和专门设施条件来进行。国家检察官学院及各地方分院是对检察人员进行岗位培训的基地，是开展检察教育培训工作的专门场所，是检察机关业务基础设施建设的重要组成部分。

办公用房是检察机关日常办公的场所，在检察基础设施中处于基础性地位。

二、检察基础设施建设的沿革

检察机关恢复重建时一穷二白，靠租借场所办公。1983 年，国务院批转高检院《关于检察院系统急需解决的两个问题的报告》，对检察办公用房的问题予以关注。1984 年，国办转发高检院《关于各地修建检察机关办公用房要包括业务用房的意见报告》，对检察业务用房的建设予以关注。1987 年，国家计委、财政部和高检院下发《关于解决检察机关基本建设和业务经费困难的通知》，要求地方政府将检察办公、业务用房列入地方基建计划，逐年予以解决“1988 年国办发 15 号文”提出的问题。1999 年 12 月，高检院在向党中央、国务院报送的《关于恳请解决检察机关经费严重不足问题的请示》中，提出了“将检察机关办案用房和专业技术用房建设列入国民经济和社会发展计划”的建议。2000 年，国务院《检察机关经费保障问题的申请报告》（国传 2000 年 757 号），要求“高检院抓紧提出办案用房和专业技术用房建设规划草案报国家计委抓紧制定相应的办案用房和专业技术用房建设标准”。据此，高检院启动编制《人民检察院办案用房和专业技术用房建设标准》，2002 年 4 月经国家发改委和住房城乡建设部批准发布，并于同年 6 月 1 日正式实施。这一标准有力地推动了检察机关的办案用房和专业技术用房建设。截至 2010 年年底，全国 90% 的检察机关完成了办案用房和专业技术用房建设。随着形势的发展，检察机关对办案用房和专业技术用房内容的需求和功能的需求都发生了很大变化。为适应这种变化，高检院组织修订了办案用房和专业技术用房建设标准，并由国家发改委和住房城乡建设部于 2010 年 9 月批准发布，自 2010 年 12 月 1 日起施行。为加强检察教育培训设施建设，高检院于 2010 年制定了《国家检察官学院分院建设标准》，由国家发改委和住房城乡建设部于 2011 年 2 月批准发布施行。同时，为保障基础设施建设经费的落实，中办、国办于 2011 年转发了《国家发展和改革委员会关于进一步加强地方政法基础设施建设规范投资保障机制的意见》（厅字［2011］4 号），全国检察机关掀起新一轮的建房高潮。江苏省检察机关“两房”建设前后办案设施条件发生重大变化的典型图片资料见图 1 - 7、图 1 - 8，内蒙古检察机关“两房”建设前后办案设施条件发生重大变化的典型图片资料见图 1 - 9 至图 1 - 11。

泰州市五一路74号与海陵区委政法委、区人民法院、区司法局等部门同在一座大楼办公，总办公面积1 000平方米，人均办公面积14平方米

2001年3月，市检察院搬至原区人大办公楼办公，由于办公面积不够，本院自侦部门借区人武部办公

2004年7月，市检察院办公、办案技术大楼开始施工建设，并于2005年年底顺利竣工交付使用。大楼建筑面积8 152平方米，人均面积118平方米，其中办案技术用房近3 700平方米

控申接待大厅通道（配残疾人专用通道）

图1-7　江苏省泰州市检察机关不同时期“两房”照片

原睢宁县人民检察院办公楼，面积不足500平方米，办公、办案条件十分艰苦

2006年12月16日，睢宁县人民检察院办案与专业技术用房投入使用

原睢宁县人民检察院侦查监督科，9名干警挤在30平方米的平房内办公、办案

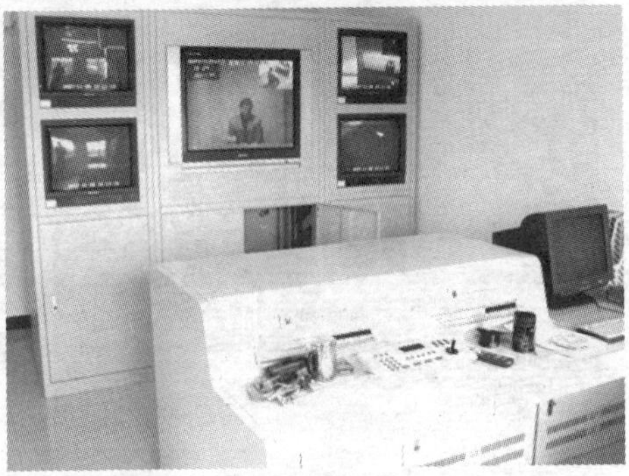

睢宁县人民检察院新建自侦案件工作区

原睢宁县人民检察院档案室，由于硬件设施简陋，档案室面积不足20平方米

“两房”建成后，睢宁县人民检察院达到省一级档案室的标准

图1-8 江苏省睢宁县检察机关“两房”照片

图 1－9　内蒙古自治区检察院不同时期“两房”照片

1954 年哲盟检察院办公用房

1956～1969 年哲盟检察院办公用房

1978～1982 年哲盟检察院办公用房

1978～1982 年哲盟检察院办公用房

1982～2000 年哲盟检察院办公用房（检察院和法院合用，左侧为检察院，右侧为法院）

2000 年新建通辽市检察院办公用房

图 1－10　内蒙古通辽市检察院不同时期“两房”照片

图 1－11　内蒙古呼和浩特玉泉区检察院不同时期“两房”照片

湖北省检察机关在办案和专业技术用房建设上先行一步。1989年6月，省检察院会同省计委制定《湖北省各级人民检察院侦查技术设施建设意见》（鄂计资资［89］第352号），明确了地市级、县级检察院侦查用房、技术用房的详细标准，其中地市级检察院办案用房和专业技术用房面积为1 200～1 500平方米，共45间；县级检察院900～1 100平方米，共32间。这是全国检察机关第一个“办案用房和专业技术用房”建设标准。两年后，高检院将此标准转发全国各地参照执行，对全国检察机关的办案用房和专业技术用房建设起到了很好的指导作用。湖北省检察机关不同时期“两房”照片见图1－12至图1－14。

两层楼房为荆南街原44号（现31号），是湖北省人民检察团创建初期（1951年）驻地（1982年摄）

武昌彭刘杨路251号原省检察署（院）办公大楼全景（1980年摄）

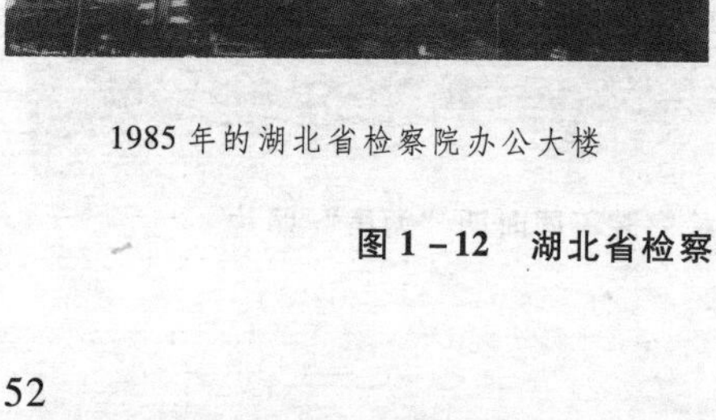

1985年的湖北省检察院办公大楼

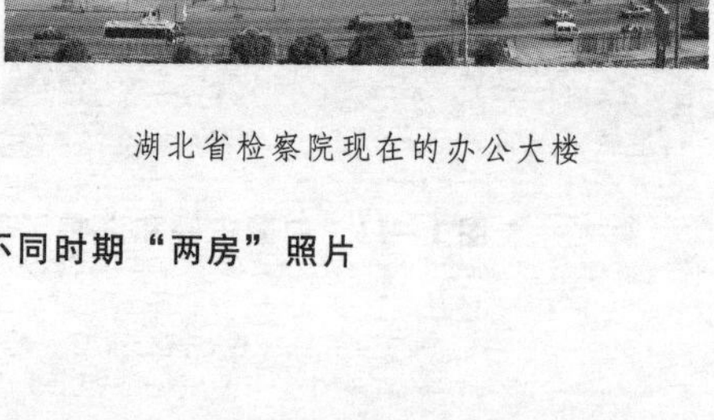

湖北省检察院现在的办公大楼

图1－12　湖北省检察院不同时期“两房”照片

荆门市人民检察院旧办公楼正面

荆门市人民检察院新办公楼正面

图 1-13　湖北省荆门市人民检察院不同时期"两房"照片

南漳县人民检察院原办公楼

南漳县人民检察院新技侦大楼

图 1-14　湖北省南漳县检察院不同时期"两房"照片

三、检察基础设施建设的主要内容及管理

（一）检察基础设施建设主要内容

检察机关基础设施包括办公用房、办案用房、专业技术用房和教育培训用房。依照《党政机关办公用房建设标准》，检察办公用房分为省、市、县三级，省级（一级）办公用房，编制定员每人平均建筑面积为 26 ~ 30 平方米，使用面积为 16 ~ 19 平方米；编制定员超过 400 人时，应取下限。市级（二级）办公用房，编制定员每

人平均建筑面积为20～24平方米，使用面积为12～15平方米；编制定员超过200人时，应取下限。县级（三级）办公用房，编制定员每人平均建筑面积为16～18平方米，使用面积为10～12平方米，编制定员超过100人时，应取下限。依照《国家检察官学院分院建设标准》，检察教育培训用房目前只明确了国家检察官学院省级地方分院的建设标准。依照《人民检察院办案用房和专业技术用房建设标准》，省、市、县级的建设等级分别明确为一级、二级、三级，建设规模分别按编制定员每人平均建筑面积30～42平方米、32～42平方米、30～44平方米掌握。

1. 办案用房的内容

（1）控告申诉接待用房（来信来访接待中心）。包括来访候谈大厅、接待室、检察长接待室、网络接访室、12309电话接访室、调解室、刑事申诉案件审查室、申诉复查询问室、听证室、案件研讨室、信访资料室、警务工作室等。

（2）查办和预防职务犯罪用房。分为大要案侦查指挥中心用房、办案工作区和预防职务犯罪用房：①大要案侦查指挥中心用房，包括案件线索管理室、指挥决策室、通信联络中心、大要案讨论室、专案工作室、控制室、备案资料保管室等。②办案工作区包括侦查指挥室、案件研讨室、询问室、讯问室、监控室、辨认室、心理测试室、当事人接待室、律师接待室、司法警察执勤室、司法警察备勤室、案卷资料复印室、扣押物品保管室、同步录音录像控制室、视频编辑室、视频资料保管室、临时诊疗室、办案人员休息室等。③预防职务犯罪用房，包括预防职务犯罪警示厅、行贿案件档案查询室等。

（3）侦查监督用房。包括案件受理室、案件审查室、案卷保管分流室、主办检察官研讨室、青少年维权工作室、远程证据传输室、远程视频审讯室等。

(4) 公诉和审判监督用房。包括案件保管分流室、案件审查室、证据交换室、主诉检察官研讨室、专案工作室、当事人接待室、庭审远程指挥室、多媒体示证制作室、模拟法庭等。

(5) 刑罚执行监督用房。包括案件审查室、主办检察官研讨室、信息联网查询室等。

(6) 其他业务用房。包括案件管理中心用房、检察委员会用房、新闻发布室、人民监督员用房、律师用房五类。其中，案件管理中心用房，包括案件受理分流室、案件督办与监管室等；检察委员会用房，包括会议室、候会室等；人民监督员用房，包括阅卷室、案件研讨室、案卷资料保管室等；律师用房，包括律师阅卷室、律师接待室、复印室等。

(7) 信息通信中心用房。包括检察专网视频会议室、信息网络机房、机要保密机房、通信机房、机房辅助用房等。

(8) 诉讼案件档案用房。包括档案目录库、纸质档案库、实物档案库、电子档案室、阅档室、文件复制室等。

(9) 保管用房。包括赃证物保管室、枪弹保管室、服装保管室等。其中，枪弹保管室包括枪支保管室、弹药保管室、警械具保管室等。

2. 专业技术用房的内容

(1) 检验鉴定案件管理用房。包括案件受理室、资料室、物证保管室、专家鉴评室等。

(2) 检验鉴定用房。包括九类：①法医检验鉴定用房，分为法医临床用房、法医病理用房、法医物证检验用房三类。法医临床用房包括体检室、运动功能检测室、视力检测室（内眼检测）、耳科常规检查室、超声检察室、X线检察室。法医病理用房包括取材室、预处理室、病理切片制作室、病理染色室、标本室、尸体解剖室、消毒室等。法医物证检验用房包括法医物证检验室等。②文件检验鉴定用房，包括笔迹检验室、印刷文件检验室、书写材料检验室、复印静电压痕迹室等。③痕迹检验鉴定用房，包括手印检验室、足迹检验室、工具痕迹检验室、枪弹痕迹检验室、化学显现室、试剂保管室等。④司法会计检验鉴定用房，包括司法会计检验室、会计资料保管室、会计账目展示分析室、业务研究室等。⑤电子证据检验鉴定用房，包括电子数据取证实验室、手机（电话）检验室、其他电子设备检验室，电子证据无尘工作室等。⑥声像资料检验鉴定用房，包括物证照录像提取室、特种检验照相室、图像检验鉴定室、图像编辑处理室、图像扩印制作室、语音分析实验室、小型录像播放厅等。⑦理化检验鉴定用房，包括剧毒样品和毒品样品保管室、试剂储备室、标准品储备室、化验室、光谱室、色谱室等。⑧DNA检验鉴定用房，包括生物样本室、DNA初检室、DNA提取室、DNA扩增室、洁净室、DNA测序室、DNA分析室、试剂保管室等。⑨心理测试实验用房，包括测前谈话室、测试室、监控室等。

（二）检察基础设施建设管理

检察基础设施建设应坚持立足当前、兼顾发展、统筹规划、科学建设、逐步完善的原则，做到功能齐全、经济适用、简朴庄重。同时，还应符合城乡规划的要求，综合考虑建筑性质、建筑造型、建筑立面特征与周围环境的关系，符合国家有关节能环保、消防安全、抗震及无障碍设计等规定，在执行专业技术标准的同时还应执行国家其他相关标准、规范的规定。

规范基础设施的使用、维护和管理工作，是基础设施稳定可靠运行的保证。应坚持建设与管理并重的原则，不断探索科学的基础设施管理机制，努力提高使用管理水平。认真落实办案用房和专业技术用房建设标准的要求，科学合理地设置各类用房，切实保证各类用房真正用于服务和满足办案等各项业务工作的需要，不得将办案用房和专业技术用房用于其他目的和用途。结合检察机关办案管理的各项规定，以促进提高办案水平、规范执法行为、加强安全防范为目标，严格进行功能区分，保证互不干扰，切实提高各类用房的安全水平和综合使用功能。树立科学的管理理念，采用先进的管理方法，结合检察机关规范化建设的要求，从基础设施的维修（改扩建）、日常管理等，明确管理职责，使基础设施使用管理科学化和规范化，确保基础设施资产保值增值，发挥其最大效能。

第七节 检务保障机构及队伍建设

一、检务保障机构建设

检务保障机构建设是开展检务保障工作的组织保证。高检院在全国检察机关第六次计划财务装备工作会议上明确：检务保障部门不是纯粹的后勤服务部门，而是重要的综合工作部门；检务保障工作的内容不只是单纯的服务，而是服务和管理相结合。这是最高检察机关对检务保障部门及其工作的新的科学定位。以此为依据，需对检务保障机构重新审视，强化建设。

优化机构设置。目前，从高检院到基层检察院，检务保障部门机构设置不一致，有的单设了保障机构，有的与办公室混编，有的只明确专职人员，有的与机关服务中心合并在一起，上下机构不统一，领导关系不顺畅，工作职能互相交叉，影响了检务保障工作的开展。对此现状，有必要尽快理顺机构设置。根据检察机关实际和检务保障的特点，自上而下可以“计划财务装备局”“计划财务装备处”“计划财务装备科”等命名，统一机构、统一职能、健全岗位、加强队伍，以适应新形势和新任务的需要。

规范机构职能。保障和管理是检务保障部门的两大职能，这两大职能又通过制订计划、编制预算、申报项目、申请经费、组织采购、组织建设、维护管理、加强监督等具体工作来实现。既要处理好两项职能间的关系，坚持相互促进，相得益彰，不可偏废；又要处理好职能与具体工作的关系，坚持以职能指导具体工作，通过具体工作的成效体现职能的发挥。

二、检务保障队伍建设

检务保障队伍建设是做好检务保障工作的人力资源保证，要以专业化建设为方向，以能力建设为核心，以提升检务保障水平为目的，大力加强队伍建设。

（一）加强思想政治建设，提高服务大局能力

坚持用马列主义、毛泽东思想、邓小平理论、“三个代表”重要思想和科学发展观武装头脑，坚定理想信念，树立正确的世界观、人生观和价值观。深入开展社会主义法治理念教育，强化大局观念，牢固树立“三个服务”的意识，立足检务保障，服务检察工作全局，找准检务保障与检察业务工作的结合点，提高服务检察中心工作的能力。

（二）加强业务学习培训，提高服务保障能力

树立终身学习观念，建设学习型集体。善于学习新知识，适应

新情况，处理新问题，在实践中全面加强业务素质锻炼。学以致用、用有所成，把学习的体会和成果转化为谋划工作的思路、促进工作的措施、领导工作的本领。根据工作需要，采取多种形式，加强业务培训，提高业务素质。积极开展岗位练兵、业务竞赛活动，努力营造爱学习、求上进的良好氛围。着力培养财务管理、科技管理方面的专业人才，锻炼业务尖子，以高层次人才建设带动检务保障干部业务素质、工作水平和整体形象的提高。

（三）加强职业道德建设，提高廉洁自律能力

坚持不懈地加强检察业务职业道德建设，严格教育、严格管理、严格监督。大力弘扬社会主义荣辱观，坚持社会主义核心价值体系，自觉发扬党的优良传统和优良作风。大力提倡和推动修为检之德、增为检之才、育为检之风。坚持一切按制度办事，严格规范各项工作程序。不断增强廉政从检意识，时刻警钟长鸣，加强自身修养，严格自我约束，维护检务保障工作人员廉洁自律、艰苦奋斗的良好形象。

第二章　检务保障资源配置

【学习目的和要求】

- 了解检务保障资源的内涵和外延
- 了解检务保障资源配置的含义、内容和价值取向
- 掌握检务保障资源配置的基本方法
- 了解检务保障资源优化配置的重要性和原则
- 掌握检务保障资源优化配置效率和公平的实现路径
- 了解主要检务保障资源优化配置模式

第一节　检务保障资源概述

一、检务保障资源的含义

资源，指的是一切可被人类开发和利用的客观存在。

马克思在《资本论》中说："劳动和土地，是财富两个原始的形成要素。"恩格斯的定义是："其实，劳动和自然界在一起它才是一切财富的源泉，自然界为劳动提供材料，劳动把材料转变为财

富。”[1] 马克思、恩格斯的定义，既指出了自然资源的客观存在，又把人（包括劳动力和技术）的因素视为财富的另一不可或缺的来源。可见，资源的来源及组成，不仅是自然资源，而且还包括人类劳动的社会、经济、技术等因素，还包括人力、人才、智力（信息、知识）等资源。据此，资源可定义为一切可被人类开发和利用的物质、能量和信息的总称，它广泛地存在于自然界和人类社会中，是一种自然存在物或能够给人类带来财富的财富，如土地资源、矿产资源、森林资源、海洋资源、石油资源、人力资源、信息资源等。[2]根据以上定义，按照资源产生的系统，可分为自然资源系统和社会资源系统。

检务保障资源产生于人类社会，是社会资源的一种，它是可以用来创造检察工作中的物质财富和精神财富，并且具有一定量的积累的客观存在。广义上的检务保障资源指保障检察工作过程中可开发利用的各种要素的总称，包括人力、物力、财力，以及与保障相关的信息、技术、组织、制度、社会环境等。

二、检务保障资源的特征

（一）社会资源的特点

一般认为，社会资源相对于自然资源具有五个特点。[3]

1. 社会性

人类本身的生存、劳动、发展都是在一定的社会形态、社会交往、社会活动中实现的。劳动力资源、技术资源、经济资源、信息

[1] 《马克思恩格斯选集（第4卷）》，人民出版社1995年版，第373页。

[2] 载 http：//baike. com/view/8439. htm，2011年4月20日访问。

[3] 同上。

资源等社会资源无一例外。社会资源的社会性主要表现在：（1）不同的社会生产方式产生不同种类、不同数量、不同质量的社会资源。（2）社会资源是可超越国界、超越种族关系的，任何人都可以掌握和利用它创造社会财富。

2. 继承性

社会资源的继承性特点使得社会资源不断积累、扩充、发展。知识经济时代是人类社会知识积累到一定阶段和一定程度的产物，就是积累知识到“爆炸”，使社会经济发展以知识为基础。这种积累使人类经济时代发生了一种质变，即从传统的经济时代（包括农业经济、工业经济，其中从农业经济到工业经济过程中有局部质变）飞跃到知识经济时代，这是信息革命、知识共享必然的结果。社会资源的继承性主要通过以下途径实现：（1）人力资源通过人类的遗传密码继承、延续、发展。（2）通过承载信息的载体长期保存、继承下来。例如，人类社会通过书籍、音像、磁带和教育手段等，继承前人的精神财富。（3）劳动创造了人本身，人又把在生产劳动中学会的知识和技能物化在劳动的结果——物质财富上而继承下来。社会资源的继承性，使人类社会的每一代在开始社会生活的时候，都不是从零开始，而是从前人创造的基础上迈步的。在社会经济活动中，人类一方面把前人创造的财富继承下来，另一方面又创造了新的财富。也正因为这样，科技知识不断发展，一代胜过一代，并向生产要素中渗透，使劳动者素质不断提高、生产设备不断更新、科研设备得到改进，并提高了经营管理水平。社会财富的积累反过来又加速了科技的发展。

3. 主导性

社会资源的主导性主要表现在以下两个方面：（1）社会资源决

定资源的利用、发展的方向。(2) 社会资源在变为社会财富的过程中，表现、贯彻了它的主体——人的愿望、意志和目的。这就是马克思讲的“最蹩脚的建筑师从一开始就比灵巧的蜜蜂高明的地方”。❶

4. 流动性

社会资源流动性的主要表现是：(1) 劳动力可以从甲地迁到乙地。(2) 技术可以传播到各地。(3) 资料可以交换，学术可以交流，商品可以贸易。利用社会资源的流动性，不发达国家可以通过相应的政策和手段，把他国的技术、人才、资金引进到自己的国家。

5. 不均衡性

社会资源的这种不均衡性是由以下原因形成的：(1) 自然资源分布的不平衡性。(2) 经济政治发展的不平衡性。(3) 管理体制、经营方式的差异性。(4) 社会制度对人才、智力、科技发展的影响作用的不同。

(二) 检务保障资源的特点

检务保障资源同样具有社会资源的五个主要特征，同其他社会资源相比，其依附性、可控性的特征更加突出。

1. 依附性

指检务保障资源随着检察工作需要而产生的特性。检察工作发生变化，则检务保障的内容发生变化；检察工作不存在，则检务保障资源也相应地不存在；检察工作不断丰富发展，则检务保障资源不断丰富发展。

2. 可控性

指保障资源的主体根据检察工作的职责、目的、任务，对检务

---

❶ 《马克思恩格斯全集（第23卷）》，人民出版社1972年版，第202页。

保障资源的来源、使用方向和用途进行控制的特性。

3. 不均衡性

检务保障资源的不平衡性是由以下原因形成的：(1) 内在需求变量的不平衡，即区域检察工作需求的不平衡性，表现为不同地区检察工作发展的差距对保障资源需求的不平衡性；(2) 外在供给变量的不平衡，即区域间财力增长差异和所提供财力、物力、人力支持的不平衡性带来的保障资源供给的不平衡性；(3) 同一层级检察工作各业务发展的差异也是保障资源需求不平衡的至关重要的因素。

三、检务保障资源的类型

检务保障资源的类型划分目前尚无固定标准，可根据不同实践需要进行划分。

按资源形态划分，可分为经费资源、装备资源、场地资源、信息资源、人力资源、奖励资源、政治待遇资源、教育培训资源、执法环境资源等。

按资源用途划分，可分为基本保障资源、专项保障资源。前者是保障检察工作基本运转的资源，后者是保障专项检察工作启动或者深入开展的资源。

按保障范围划分，可分为国家检务保障资源、区域检务保障资源。

按使用主体划分，可分为以检察机关为主体的集体检务保障资源、以检察官为主体的个体检务保障资源。

按变量关系划分，可分为内在变量检务保障资源，外在变量检务保障资源。

四、检务保障资源的功能

在全部检察工作中，检务保障是基础。检务保障资源是检察机关通过检察工作履行法律监督职能的有力后援。检务保障资源的功能主要体现在四个方面。

（一）保障检察工作正常运行

检察机关履行职能，需要基本的场地、装备和经费维持行政和业务运行。全国约 26 万检察人员，以 2006 ~ 2010 年为例，平均每年提供人员经费 109 亿元，提供公用经费 107 亿元，[1] 基本保证了检察工作的正常运行。全国检察机关 2006 ~ 2010 年人员经费、公用经费明细表见表 2 - 1。

表 2 - 1　全国检察机关 2006 ~ 2010 年人员经费、公用经费明细

年度	人员（人）	人员经费			公用经费		
		小计（万元）	年均增长率（%）	人均（万元）	小计（万元）	年均增长率（%）	人均（万元）
2006 年	217 736	701 926	—	3.22	817 955.50	—	3.76
2007 年	238 240	966 945	37.76	4.06	978 228.58	19.59	4.11
2008 年	242 981	1 139 936	17.89	4.69	992 673.36	1.48	4.09
2009 年	253 513	1 260 179	10.55	4.97	1 206 924.69	21.58	4.76
2010 年	260 882	1 393 367	10.57	5.34	1 354 590.24	12.23	5.19
合计	1 213 353	5 462 353	19.19	4.50	5 350 372.36	13.72	4.41

（二）促进全面深入履行检察职能

随着社会经济不断发展，检察机关围绕“强化法律监督、维护

[1] 数据根据湖北省人民检察院 2011 年 4 月编著的《关于“十二五”时期深化检察保障体制改革总体思路和基本要求的调研报告》第 139 页附件 7 表 1、第 140 页附件 7 表 2 数据得出。

公平正义”的工作主题不断全面深入地履行各项检察职能，检务保障突出重点，在办案装备资源方面加大力度。2006～2010年的五年期间，装备经费投入年增长率为28.15%，全国大多数检察院配置了办案车辆、电脑、网络设备等，促进了检察机关全面深入履行职能。以湖北省检察机关为例，近五年与上一个五年相比，检察机关监督公安机关刑事立案增长29.6%，纠正漏捕上升137.2%，纠正漏诉上升602.7%，提出民行再审检察建议上升53.8%，书面纠正监管场所违法上升484.9%。[1]湖北省刑事犯罪案件立案、诉讼监督主要情况见表2－2、表2－3。

（三）保障自身公正廉洁执法

在检务保障资源上，检察机关对自身公正廉洁执法给予相应投入，例如对办案区建设标准作了具体的规定，包括配备监控设备、全程录音录像设备等，防止检察人员违法办案。

（四）推动检察人员增强素质

近年来，检察机关借助网络建设，提升了业务培训的范围和层次，通过网络视频教学、远程讲座、交流和辅导，使全国检察人员享受到同等高水平的教育培训，推动了检察人员素质的提升。

---

[1] 数据引自湖北省人民检察院2011年4月编著的《关于“十二五”时期深化检察保障体制改革总体思路和基本要求的调研报告》第75页，附件7表8－4、表8－5。

表2-2　湖北省刑事犯罪案件立案、诉讼监督主要情况之一

年度	公安机关对刑事犯罪立案	检察机关对公安机关刑事立案监督		检察机关侦查监督				法院判决刑事犯罪案件	检察机关对刑事审判活动监督				提出刑事抗诉占法院判决案件比率
		监督立案	监督立案占公安立案比率	追捕	追捕占逮捕总数比率	追诉	追诉占起诉总数比率		提出刑事抗诉	法院审结	直接改判	改判率	
	（件）	（件）	（%）	（人）	（%）	（人）	（%）	（件）	（件）	（件）	（件）	（%）	（%）
2006年	154 114	664	0.43	217	0.79	153	0.57	19 897	94	56	21	37.5	0.47
2007年	164 415	778	0.47	257	0.88	207	0.69	21 928	85	52	25	48.1	0.39
2008年	173 061	889	0.51	559	1.82	295	0.92	22 313	88	46	25	54.3	0.39
2009年	195 836	951	0.49	578	1.82	520	1.50	23 395	118	79	27	34.2	0.50
2010年	221 735	1 088	0.49	903	2.93	1 130	3.33	26 547	119	68	23	33.8	0.45
5年合计	909 161	4 370	0.48	2 514	1.71	2 305	1.51	114 080	504	301	121	40.2	0.44
2001～2005年合计	777 493	3 373	0.43	1 060	0.85	328	0.28	98 737	708	331	123	37.2	0.72
与2001～2005年的5年相比较	上升16.9%	上升29.6%	增加0.05	上升137.2%	增加0.86	上升602.7%	增加1.23	上升15.5%	下降28.8%	下降9.1%	下降1.6%	增加3	降低0.28

表 2－3 湖北省刑事犯罪案件立案、诉讼监督主要情况之二

年度	法院判决民事行政案件	检察机关民事行政审判活动监督									检察机关刑罚执行监督	
		受理不服民事行政判决	受理数占法院判决数比率	提出民事行政抗诉	提出抗诉数占法院判决数比率	抗诉案件法院再审审结	再审改变率	提出再审检察建议	法院采纳再审检察建议	采纳率	书面纠正超期羁押	书面纠正监管场所违法
	（件）	（件）	（%）	（件）	（%）	（件）	（%）	（件）	（件）	（%）	（人）	（人）
2006 年	138 391	2 856	2. 1	490	0. 35	234	67. 5	48	19	39. 6	3	164
2007 年	139 953	2 473	1. 8	486	0. 35	370	71. 1	81	24	29. 6	0	37
2008 年	159 626	1 921	1. 2	447	0. 28	259	67. 6	129	48	37. 2	0	43
2009 年	168 794	1 922	1. 1	409	0. 24	179	73. 2	212	42	19. 8	17	345
2010 年	176 666	2 042	1. 2	432	0. 24	158	77. 2	196	55	28. 1	53	499
5 年合计	783 430	11 214	1. 4	2 264	0. 29	1 200	71	666	188	28. 2	73	1 088
2001～2005 年合计	—	15 387	1. 8	2 917	0. 34	1 212	79	433	108	24. 9	5 278	186
与 2001～2005 年的 5 年相比较	—	下降 27. 1%	降低 0. 4	下降 22. 4%	降低 0. 05	下降 1%	降低 8	上升 53. 8%	上升 74. 1%	增加 3. 3	下降 98. 6%	上升 484. 9%

第二节　检务保障资源配置

一、检务保障资源配置的含义

有限的资源相对于人类无限的需求而言，其稀缺性是绝对和永恒的。稀缺性决定了对资源的使用必须进行选择，通过选择形成资源的安排与搭配。这就是微观经济学上的资源配置问题，重点围绕生产什么、怎么生产、为谁生产三大问题优化配置，❶ 以求节约资源、增加社会经济效益。

检务保障资源配置是对检务保障资源的安排和搭配，是资源配置在检务保障领域的具体体现，也需要解决三个基本问题，即配置什么、怎么配置、为谁配置。配置什么，指围绕保障促进检察工作科学发展、跨越发展，配置什么种类和数量的资源，是三个问题中的基础；怎么配置，指围绕推动检察工作科学发展的重点、难点、薄弱点及前进中亟须解决的问题而提出检务资源如何优化配置，好钢用在刀刃上，就是指用什么方法配置，采用什么原则、选择什么机制、依据什么标准，使配置达到应有效用，是三个问题中的关键；为谁配置，指由谁来使用配置的资源，达到什么目标效果，是三个问题中的核心。由于内在变量需求、检务保障资源的差异、与外在变量供给检务保障资源的差异，决定了检务保障资源配置必须遵循优化配置、集约增效的规律，实现效率、效果、效益有机统一。

❶ 王惠清主编：《西方经济学》，东南大学出版社 2009 年版，第 5 页。

二、检务保障资源配置的内容

检务保障资源配置的内容包含了种类上、数量上、时间上、空间上对资源的配置。

（一）种类配置

对类型丰富的检务保障资源，须从不同角度、不同层次，按实际需求，确定需要配置的资源种类。例如在配置经费资源时，须考虑有哪些种类的经费资源是检察工作必需而又没有配置到位的，如职务犯罪预防费、检务督察费、法律政策研究费、宣传费等。

（二）数量配置

检务保障资源数量配置包括存量配置和增量配置。在检务保障资源总量一定的情况下，根据检察工作的需要，确定各种资源的数量，并随着检察工作需求的变化、资源总量的增长，合理确定、适时调整各种资源的比例结构。

（三）时间配置

检察工作在不同的发展时段，对检务保障资源有不同的需求，从而形成不同的资源配置时机。资源时间配置对资源配置的效益具有重要影响。在需要配置相应检务保障资源的时间内不配置或者配置不足，将使某项检察工作的发展进程延缓或者停滞；在某一时段，某种检务保障资源相对充足，如果继续配置这种资源将导致资源浪费。

（四）空间配置

不同地域、不同层级的检察机关需要不同的检务保障资源，在配置过程中，应将地域、层级特点作为考量内容，合理配置资源的种类和数量。例如，在车辆的配置上，山区和平原地区需要的车辆类型不同，应当在配置过程予以考虑。

三、检务保障资源配置的价值取向

检务保障资源配置的价值取向，是指在检察资源配置过程中，保障主体应当坚持的基本价值观。明确了价值取向，就解决了检务保障资源“为谁配置”的核心问题。

检务保障资源配置的价值取向可以分为两个层次：基础价值取向与终极价值取向。

检务保障资源配置的基础价值取向：检务保障资源具有保障检察工作正常运行、促进全面履行检察职能、保障公正廉洁执法、推动检察人员增强素质的四大功能，检务保障资源配置的基础价值取向就是要通过配置促使这四大功能的效用最大化。

检务保障资源配置的终极价值取向，体现了检务保障资源配置的根本目的。审视资源配置科学与否、配置效益实现与否，都应当以终极价值来评判，包括三个方面。❶

（一）促进实现司法公正

各地各级检察机关据宪法和法律的规定实施法律监督，所从事的检察工作在性质上完全一致。无论在哪一个检察机关，每一位公民都有权享有与在其他检察机关同样的权利，不会因为地域不同、层级不同而享受的法律权利有所区别。实现权利需要资源保障，实现同样的权利需要对等的资源保障。要想不同地域或不同层级检察机关所提供给公民的“公共品”消费，即提供给国家社会组织乃至公民的权利得到同等程度的保护，检务保障资源就必须实现区域间

❶ 借鉴正义网 2008 年 5 月 15 日刊登吕赵龙《检务保障资源配置研究》“检察官必须遵循的司法规律应当包括三个方面的内容：公正、效率和检察一体”观点。

不同层级间的平衡，形成均等化的保障。各个检察机关在履行检察职责时，能够按需调动相应的保障资源，公民、法人及其他组织的合法权益才能在不同的检察机关获得同等程度的保护。

（二）促进提高司法效率

检务保障资源配置的结构与布局相对合理才能保障司法效率的实现。检察工作是一个大的系统工程，包括受理、立案、侦查、批捕、起诉、诉讼监督等各个业务、部门及其工作运行环节。只有确保每个环节运转正常，并与其他环节实现有效的沟通协调，才能提高检察工作效率，保障公民、法人、其他组织的合法权益。从检察实践来看，提高检察工作效率的基本前提之一，就是要努力保障检察工作各环节的公平而有效的资源供应。检务保障资源的配置不能向某一环节或者某些环节过分倾斜，要均衡保证其他各环节的正常需要，提高检务保障资源配置结构的合理性。

（三）促进实现检察一体

检察权是具有独立存在价值的法律监督权，目的在于专门而有效地监督行政、司法等国家权力的依法行使。检察一体，上下联动，迅速反应，才能较好地保证宪法和法律的统一实施。检务保障资源配置必须充分保证区域间检察机关、上下级检察机关落实统一执法所需的各项资源，减少因资源不足和资源不均而导致的不发达地区基层检察机关执法力度不够的现象。

四、检务保障资源配置的基本方法

检务保障资源配置本质上是对资源的“选择”，解决检察工作需求和检务保障资源供给问题，属于经济学研究的范畴，其配置的基本方法应当依据经济规律，采用经济分析的方法。资源配置过程，是通过对人和物的协调管理，促进资源效益最大化的过程，因此也要遵循组织行为规律和管理规律，引入人本分析的方法和成本管理的方法合理进行检务资源配置。

（一）经济分析法

经济分析法是指运用经济学原理，如供需原理、效用原理等分析检务保障资总量和变量、总效用和边际效用等各种关系，使检务保障资源的配置接近均衡状态。在检务保障配置实践中，采用经济分析法应当注意以下几点。

1. 资源供给应当满足需求，避免不恰当的替代效应

根据经济学供给和需求原理可知，在需求和供给不平衡的情况下，供给小于需求，则价格上升；供给大于需求，则价格下降。当某种供给异常不足时，价格将异常上升，消费者则会转向其他替代品，这便是消费者行为理论中的“替代效应”。[1] 在传统经费保障体制下，一些地方政府和财政部门对政法检务保障提出一套“替代”政策，即“财政给温饱，小康自己找”。这种“替代”政策或“替代”保障实施的恶果之一，是支持和怂恿执法机关利用国家和人民给予的执法权，强制进入国民收入初次分配环节，即越权办案、插手经济纠纷、利益驱动、办案为钱、为钱办案，其结果是“皇粮吃不饱”“杂粮吃得年年难过年年过、年年过得还不错”，导致执法机关执法不公、不严、不廉盛行。这种“替代保障模式”引发的“替代效应”，危害至深，影响至远，至今仍是一大顽症，一遇环境与条

---

[1] 替代效应（Substitution Effect），是消费者在保持效用不变的条件下，由于一种商品价格变动而引起商品的相对价格价格发生变动，从而导致商品需求量的改变。例如消费者把收入用于购买 X 和 Y 两种新产品，如果 X 商品价格上升，消费者可以减少 X 的购买，增加 Y 的购买，用增加的 Y 来代替减少的 X，从而使总效用不变。参见王惠清主编：《西方经济学》，东南大学出版社 2009 年版，第 50 页。

件便滋生蔓延，成为治理执法、司法机关的一项艰巨而棘手的难题。传统保障模式的严重弊端一再警示我们，在易发多发难治问题的背后，一定有规律性问题，而解决这类难题，须从顶层制度设计入手，即要消除“替代效应”，则要改革传统保障模式，建立现代保障模式，增加供给满足需求，保持供需平衡；要把握资源的供应总量不能与需求差异过大，从体制层面即源头治理因传统体制而导致的资源不足、检察机关寻求不当“替代品”——如一些欠发达地区检察机关因经费不足，采用拉赞助、赃款返还等形式进行弥补等问题，走出一条保障有力，又提高队伍、树立形象的良性路子。

【配置现象分析】“为钱办案”现象禁而不绝的经济原因——供给不足导致替代效应

检察机关对“为钱办案”现象下大力气整治，但是禁而不绝，其原因可以用经济学原理进行分析。检务保障资源虽然不是商品，没有价格，但是在这里，价格可以理解为获取某种资源的难易程度，难度大，表示价格高，难度小，表示价格低。假设正常的办案经费资源是“拨款”，不正常的是“赃款”，它们互为替代品，可以满足检察机关的同一种需要，如果获得“拨款”的难度上升，甚至是“今日无货”，远远高于获得“赃款”的难度，那么，为了满足需要，“消费者”——检察机关将转向难度小的替代品“赃款”。这就是出现“为钱办案”“办案为钱”越权插手经济纠纷，滥用冻结、划拨、追缴款项等现象的经济原因。消除这些现象的方法是增加供给总量，降低获得资源的难度，满足检察机关的实际需求。

2. 资源总量一定时，找出资源配比的可能性边界，确定合理的资源配置比例

资源的稀缺性决定了一定时期内可以供给的检务保障资源是有

限的。在一定总量的资源条件下，供给甲多则减少乙，供给乙多则减少甲，这就是经济学中的“挤出效应”。[1] 在检务保障资源配置过程中，“挤出效应”无处不在。被挤出的部分，可能是不同种类的资源，也可能是同一种类不同数量的资源，比如经费或者装备资源，经费资源中的大要案经费或者会议经费数量等。被挤出的部分是否合理，实际需要的资源是否配置恰当，这都需要研究切合实际的资源配置比例。在相同总量下，不同的配置比例就组成了资源配比的可能性边界，选择好这条边界上的一点，就表明确定好了合理的配置比例。

【配置现象分析】拨资金还是配车辆——配置的“挤出效应”需要合理确定配置比例

配置资源时，需要确定供给的可能边界。假设现有某种检务保障资源总量一定，按用途只能分别提供资金、车辆两种资源，则有不同的配置组合。当全部配置 10 辆车时，不配置资金，这种可能性假设为 A；当配置 10 万元资金时，可以配置 8 辆车，这种可能性为 B；当配置 20 万元资金时，可以配置 6 辆车，这种可能性为 C；当配置 30 万元资金时，可以配置 4 辆车，这种可能性为D；当全部配置资金 40 万元时，不配置车辆，这种可能性为 E，A、B、C、D、E 都体现了配置比例，通过图形表现，AE 线可以称为经费和物资配置的可能性边界线，在配置过程中，要切合实际需求，从这条边界线上找出最合理的那一点。在总量一定情况下，资源配比的可能边界线见表 2-4、图 2-1。

---

[1] “挤出效应”（Crowding Out Effect），指政府支出增加所引起的私人消费或投资降低的效果。载 http://baike.baidu.com/view/116634.htm。

表 2-4　总量一定情况下资源配比的可能边界

可能性	资金（万元）	车辆（辆）
A	0	10
B	10	8
C	20	6
D	30	4
E	40	0

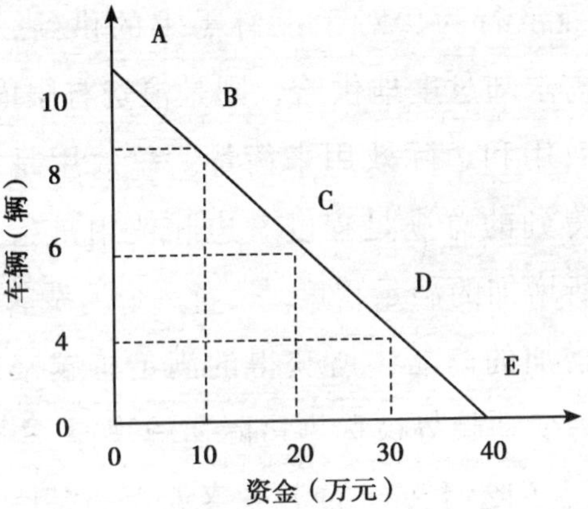

图 2-1　总量一定情况下资源配比的可能边界线

资料来源：本图参考王惠清主编《西方经济学》，东南大学出版社 2009 年版，第 7 页“生产可能性曲线”。

图中，AE 线即为一定检务保障资源总量情况下，经费和车辆资源配比的可能边界线。经费和物资两大类的供给，到底选择 B 点或者 C 点，或者 AE 线上任何其他一点，是在资源配置当中需要认真分析的。

3. 掌握实际需求，找出“消费效用边际”，促进资源效用最大化

在检务保障资源配置过程中，资源怎样才能恰到好处地满足保

障对象的需求，从经济学角度分析，存在一个“消费边际”问题。

消费者的选择行为受一定规律支配。经济学家萨缪尔森提出了著名的“幸福方程式”：幸福＝效用／欲望。[1]幸福最大化就是效用最大化。效用是消费者在消费时感受到的满足程度，它和欲望相连，没有欲望的东西，是没有效用的。香烟对抽烟的人来说有效用，对不抽的人来说没有效用；空气是每人必不可少的，但它没有效用，正常情况下，它不稀缺，人们对它没有欲望。[2]这个理论说明欲望，也就是需求支配了经济行为，对于没有需求的供给，是无效供给，对于已得到满足的需求却过度地供给，则是浪费有限的资源。

效用可以用总效用和边际效用来衡量。总效用是指从消费一定量的某种物品中所得到的总满足程度。边际效用是指某种物品的消费量每增加一单位所增加的满足程度。[3]当一个消费者连续增加同一商品消费时，他从增加的商品中所获得的满足感越来越小，即边际效用越来越小，这种变动趋势被称为边际递减规律。[4]

【配置现象分析】“吃馒头”的幸福感觉——保持效用递增而非递减

生活中这种现象很普遍，人在饥饿的时候，吃一个馒头还想吃，吃两个很好，三个不错，四个饱了，五个撑了，六个非常难受，这种现象可以用经济学上的消费者行为理论来解释，见表2－5。

---

[1] 崔东红、陈晶主编：《微观经济学原理与实务》，北京大学出版社、中国农业大学出版社2009年版，第100页。

[2] 同上书，第101页。

[3] 同上。

[4] 同上。

表 2－5　“吃馒头”的总效用和边际效用

“吃馒头”的数量（个）	总效用（TU）	边际效用（MU）
0	0	—
1	10	10－0＝10
2	18	18－10＝8
3	22	22－18＝4
4	22	22－22＝0
5	20	20－22＝－2
6	16	16－20＝－4

资料来源：本图参考王惠清主编《西方经济学》，东南大学出版社 2009 年版，第 39 页“总效用和边际效用”。

消费者一次吃 6 个馒头，馒头的数额就是他的欲望，总满足程度就是效用。假定他从第 1 个馒头中得到的满足感最大，即边际效用为 10 个单位，总满足程度也即总效用为 10 个单位，当他吃第 2 个馒头时，满足感减小了，边际效用为 8 个单位，总效用增加为 18 个单位。随着吃馒头的数量不断增加，他所获得的总效用越来越多，但是满足感越来越低，边际效用越来越小。当他吃饱以后，总效用最大化，边际效用为 0，再多吃 1 个，就会带来不适和痛苦，边际效用为负，总效用也随之降低。这就是边际效用的递减规律，如图 2－2 所示。

借用“吃馒头”的幸福感作比，可以理解，充足的资源供给满足检察工作实际需求，就是资源总效用的最大化。检务保障资源配置，应当找出边际效用的 0 点，从而控制总效用递增而非递减。

目前，在检务保障实践中，还没有很好地关注这一经济规律，观念上存在一些误区，造成很多违背这一经济规律的现象：在需求方面，有的地方“贪多求洋”观念较重，楼房建得越大越好、车辆买得越多越好、人员进得越多越好，造成业务用房、办公用房一建再建，车辆管理和养护不堪重负，人员超编严重供养困难却又难以

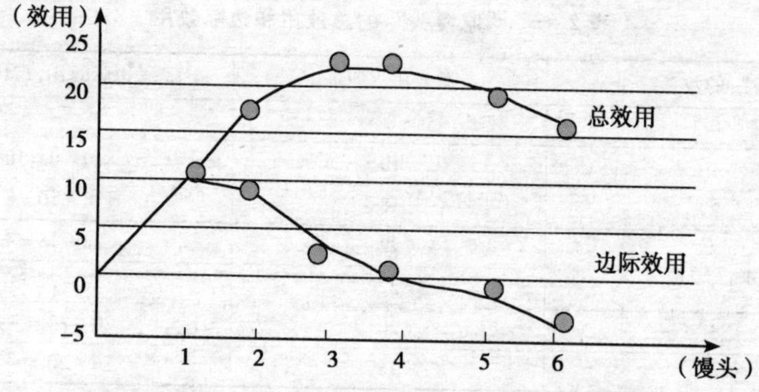

图 2－2　“吃馒头”的总效用和边际效用曲线

资料来源：本图参考王惠清主编《西方经济学》，东南大学出版社 2009 年版，第 39 页，图 3－1“总效用和边际效用曲线”。

发挥作用，陷入了边际效用为负、总效用降低、资源浪费的境况，而且挤占了部分检察工作所急需要的资源。在供给方面，有的保障主体对不同检察机关的实际需求缺乏足够了解，对总效用已经饱和的资源仍然不断供给，对紧缺的资源供给不足，例如办案用车经过一段时间的配置，有的基层检察机关用车状况已经改善，不需要再配置，这时仍然配置车辆，边际效益就会过 0，产生负面作用，总效用就会降低，浪费资源，并造成业务经费等其他资源配置不足。

（二）人本分析法

人本分析法是指通过关注人在组织中的与组织绩效有关的心理和行为，建立适应人的需要的激励体系。[1]

组织行为学是新兴的科学，得以发展的重要原因是劳资关系矛盾斗争寻求解决办法的结果，资方追求利润最大化、成本最小化，劳方期待公平、满足生活和人性方面的要求。[2]

---

[1] 肖余春主编：《组织行为学》，机械工业出版社 2009 年版，第 114 页。

[2] 丁宁、王馨主编：《组织行为学》，清华大学出版社、北京交通大学出版社 2010 年版，第 6 页。

组织行为学是研究一定组织中人的心理和行为规律性的科学。[1]关注的是人在组织中的活动，但不是关心人的所有行为，只是关注与组织绩效有关的行为。[2]

组织行为学的研究内容有两部分，一是涉及组织中物的，称"人—物"系统，一是涉及组织中人的，称为"人—人"系统。研究的核心问题主要是：人与工作、组织和环境有匹配问题、激励问题、组织变革问题。[3]

组织行为学通过组织中的人这个角度，探讨怎样实现效益最大化，而经济学从物的角度，探讨如何实现效益最大化，为了同一个目的，在资源配置过程中，关注组织中人是必不可少的一个条件。

激励理论。美国管理学家贝雷尔森（Berelson）和斯坦尼尔（Steiner）提出，一切内心要争取的条件、希望、愿望、动力等都构成了对人的激励。

在检务保障工作实践中，通过关注检察机关执法主体——检察官的心理和行为，合理配置资源，充分发挥资源的保障和激励作用。采用人本分析法应当掌握两个方面的内容。

1. 建立公平合理的奖酬体系，实现奖酬对检察官的激励作用

人性的倾向是什么？人们究竟为了什么样的利益而采取行动？从20世纪初开始，不同时期的经济学家和管理学家提出了人性的五种假设，即经济人假设、社会人假设、自我实现人假设、复杂人假设、文化人假设，具有一定代表意义和实际意义。这五种假设分别表明人需要获得经济性奖酬、人际交往中的乐趣、工作中的成就感、

---

[1] 丁宁、王馨主编：《组织行为学》，清华大学出版社、北京交通大学出版社2010年版，第4页。

[2] 同上书，第5页。

[3] 同上书，第10～11页。

个性化需求的满足以及发展理念价值观的实现。❶ 经济性奖酬在激励机制中的作用不可忽视，公平合理的经济性奖酬，既是满足人生存、安全的基础，也是激励的方式；不公平不合理的经济性奖酬，将严重挫伤人的积极性。如图 2－3 所示。

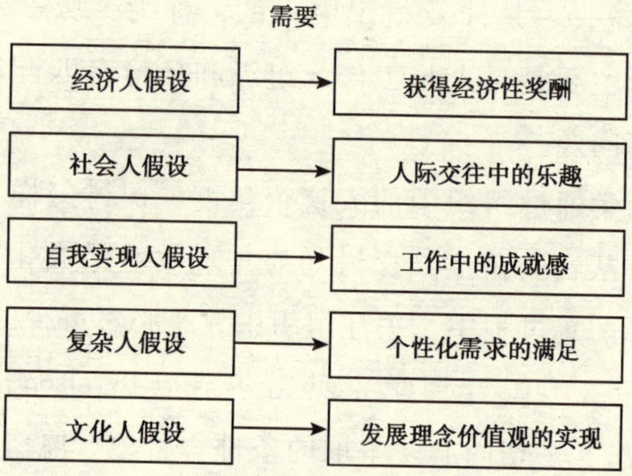

图 2－3　人性的五种假设及其需求

【配置现象分析】从经济社会层面透视，检察官也是经济人——人性的五种假设之一在奖酬资源配置中的体现

在经济社会里，检察官的执法活动是以法律规则为准绳，但是其背后是有成本代价，即受到经济资源的制约。因此，一方面，检察官是司法者；另一方面，从经济社会角度透视，检察官同样是经济人，需要公平合理的经济性奖酬，以满足自身的生存、安全的条件。在检务保障资源配置过程中，建立公平合理的检察官奖酬体系，是检察官激励机制的基础。建立这一体系的主要途径是：

（1）通过内部岗位评价达到内部公平。岗位评价的标准涉及完

❶ 丁宁、王馨主编：《组织行为学》，清华大学出版社、北京交通大学出版社 2010 年版，第 265～269 页。

成该工作所需的技能和努力、工作的困难程度、工作人员承担的责任多少等，采用要素计点法，通过对岗位的每一个可付酬要素及评定标准进行评价，确定薪酬等级。

（2）通过外部调查达到外部公平。一个行业或者单位的薪酬水平不具备一定的外部竞争性，就会面临优秀人才纷纷流失的局面。

（3）承认个人的贡献。以资历计酬，把服务年限算入。以技能计酬，把职称、等级算入。

（4）给予适当奖励性报酬。在内部，固定的同岗同薪、定期的工资晋升容易造成干好干坏一个样，不利于鼓励争先创优，给予业绩突出者以奖励性报酬是公平和导向的体现。

2. 围绕满足检察官的人格需求，建立多层次资源保障体系

以马斯洛和罗杰斯为代表的西方管理学家提出积极的人格理论，他们认为自我实现是人性的本质。马斯洛著名的五个需求层次，揭示了人的不同层次的需要，即“生理、安全、社会、尊重、自我实现五种从低级到高级的基本需要”，[1] 前一个层次是后一个层次的基础，这一学说流传广泛。人性的五种假设也认为获得工作中的成就感和实现发展理念价值观是基本人性。根据对人性的研究，组织行为学理论认为激励和管理的三个重要手段是：薪酬设计、目标设置、工作设计。[2] 当薪酬的激励作用达到一定程度时，人们获得了充分的生理和安全的满足，薪酬激励作用就会产生边际递减效应。此时，应当不断满足另外三个层次的需要，即社会（交往）、尊重和自我实现需要，才能不断地激励人。[3] 满足这三个层次的需求，一般采用

---

[1] 肖余春主编：《组织行为学》，机械工业出版社 2009 年版，第 111 页。

[2] 同上书，第 116～117 页，第 119 页。

[3] 同上书，第 115～116 页。

的方法是目标设置和工作设计，即通过设置挑战性任务、自主或者合作完成任务、进行反馈、奖励绩效四个环节，引导个体体验对工作责任，了解工作的实际效果，产生高度的内在激励。[1] 检务保障资源配置应当在这四个环节中起到正向促进作用。

【配置现象分析】检察官的职业荣誉感——资源配置满足人的自我实现需求

检察官是检察机关的执法主体，资源配置要有效地激励他们追求执法理念的实现、体会到检察官的职业荣誉感，从而积极主动地履行检察官的职责。

从人性的角度分析，第一，适当的薪酬保障充分满足生理需要和安全感；第二，薪酬保障高于外部平均水平，留住有能力的人；第三，充分保障执法需要的各种条件，如办案车辆、办案经费、教育培训等，给予检察官自我实现的环境；第四，为反馈执法效果、展示执法行为的价值提供渠道，如建立网站媒体、拍摄宣传节目、制作展牌展示、开展和社会公众互动活动、表彰先进、提拔任职等。只有建立多层次资源保障体系，才能更好地满足自我实现需求，更好地激发检察官积极实践内心价值观的愿望。

湖北省宜昌市伍家岗区人民检察院尝试建立“以检察官为主体的检务资源保障配置”方式，采用了“满足检察官的人格需求，建立多层次资源保障体系”的方法。

该院从2004年起开展内部整合改革，把15个业务科室合并为公诉、职务犯罪侦查、诉讼监督、案件管理、综合管理五个部门，取消科长层级，设置17个主诉（主办）检察官执法岗位，直接向分管检察长负责。在检务保障资源的配置上，采取“倾斜一线、淡化

---

[1] 肖余春主编：《组织行为学》，机械工业出版社2009年版，第115页。

行政色彩、突出检察官主体地位”的思路，按照主诉（主办）检察官履行岗位职责的需要对资源进行配置：

（1）经费配置。整合所有津贴，根据工作量不同重新设置不同等级的主诉（主办）检察官岗位津贴。经费配置向检察官岗位倾斜。分管检察长津贴参照所分管的主诉（主办）检察官津贴。检察官调动岗位、分管检察长调动部门都按新岗位和部门的津贴标准配置。

（2）车辆配置。采取“私人购车、单位租用”的方式，根据工作需要和一定条件对主诉（主办）检察官私人购置的车辆进行租用，支付租金，同时按检察官岗位不同给予不同等级的车辆补贴。

（3）其他物资配置。电脑等办公大宗物资按主诉（主办）检察官岗位统一标准配置。

（4）培训资源配置。保障主诉（主办）检察官每年参加省级以上培训一次。

（5）职级待遇资源配置。在岗主诉（主办）检察官是解决职级的前提条件，正、副科级推荐资格与主诉（主办）检察官等级挂钩。

内部整合改革，建立资源配置的新机制之后，伍家岗区检察院充分调动了检察人员的主动性和积极性，工作效率质量大幅提升，很多检察官在工作中感到了职业自豪感，初步满足了检察官自我实现的需求，推动了检察工作不断发展。

伍家岗区检察院的做法及其效果体现了较为合理的“奖酬制度”体系，形成了一定层次的资源保障体系，对检察官起到了较好的激励作用。

（三）成本管理法

成本管理法是指在检务保障资源配置过程中，关注成本收益，采取适当措施，降低成本，使资源配置效益最大化。

成本与收益是经济学中的两个重要概念，后来被广泛运用到其他科学领域。经济学理论认为，一般来说，一个理性人即经济决策主体的经济行为，总是力图以最小的经济代价去追逐和获得最大利益。对消费者来说，总是以自身满足为最大化目标；对生产者来说，总是以利润最大化为目标；对要素所有者来说，总是以自身报酬最大化为目标。[1] 检务保障资源配置不是生产或者商贸，不存在生产和购买成本，但在其资源配置的相关活动中会产生管理型交易成本。因此在检务保障资源配置过程中，要充分注意降低成本、增加效益。主要是降低两种成本。

1. 选择适当的制度，降低制度消费成本

新制度经济学认为，制度对于经济活动具有重要作用，制度的作用通过制度的功能体现出来。制度的第一个功能是降低交易费用。交易费用又译为交易成本。“人的自利心使得每个人想要得到更多的东西，但资源的稀缺性又使得人们的要求不可能得到完全的满足，这就意味着人们的选择存在冲突。制度就是解决这种冲突的工具，当然，并不是任何一种制度都可以很好地解决这一冲突，无效率的制度会导致物欲横流和经济扭曲”，[2] 无法降低交易成本，甚至增加交易成本。如果制度的使用不能有效解决问题，就不能产生收益，那么使用这些制度而产生的成本就是“沉没成本”，沉没成本不能带来收益。经济学理论指出，沉没成本是指过去已经发生的费用支出，不是现在或将来任何决策所能改变的成本，也就是说沉没成本是一去不复返的成本，即不可收回的成本。[3] 过度使用不能有效解决问题

[1] 王惠清主编：《西方经济学》，东南大学出版社2009年版，第13页。

[2] 张卫东：《新制度经济学》，东北财经大学出版社2010年版，第5页。

[3] 崔东红、陈晶主编：《微观经济学原理与实务》，北京大学出版社、中国农业大学出版社2009年版，第186页。

的制度，就会形成路径依赖，[1] 产生更多沉没成本，使制度消费的成本不断增加，却获得低收益或者负收益。在检务保障资源配置过程中，应当重视制度对资源配置产生的积极或者消极的作用，根据事物本质，使用符合“成本收益”规律的制度。

【配置现象分析】“为钱办案”教育整顿活动越来越疲乏——路径依赖中的沉没成本

长期以来，检察机关一直通过政治思想教育、纪律作风整顿等活动来治理“为钱办案”问题。不可否认，这些活动取得了一定效果，检察机关执法规范化增强，“为钱办案”现象得到一定遏制。但是，这一现象始终不能根治，2010 年仅某省就仍有 1/4 的检察机关或多或少依靠赃款返还弥补办案经费不足，教育整顿活动越来越流于形式，基层陷于应付，其中路径依赖和沉没成本现象不可忽视。下图说明教育整顿活动的成本和收益变化，ABCD 组成的曲线叫做收益边际曲线，曲线上任意一点表明教育整顿活动投入相应成本后的收益情况。如表 2－6、图 2－4 所示：

表 2－6　教育整顿活动的成本和收益

时　间	成本	收益（效果）
第 1 年	2	3
第 2 年	3	5
第 3 年	6	1
第 4 年	8	0
第 5 年	11	0

假定教育整顿活动开展的第 1 年效果较好，设 3 个单位，投入成本为 2 个单位；第 2 年效果更好，为 5 个单位，投入成本为 3 个

[1] “路径依赖”是指事务一旦进入某一发展轨道，就可能对这种路径产生依赖。参见唐华山、冯怿莎编著：《一口气读懂经济学》，人民邮电出版社 2010 年版，第 228 页。

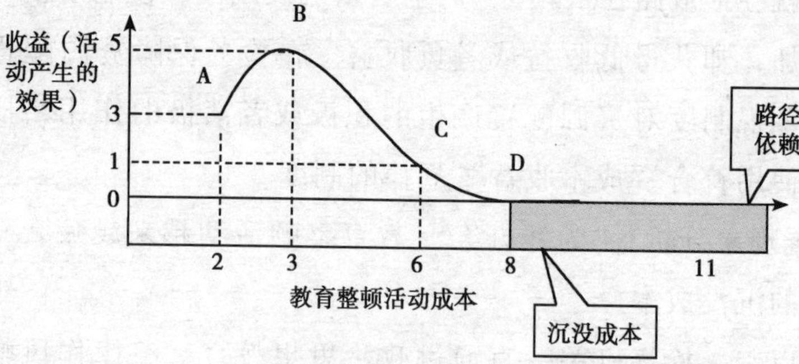

图 2-4　教育整顿活动的收益边际曲线

资料来源：本图参考崔东红、陈晶主编《微观经济学原理与实务》，北京大学出版社、中国农业大学出版社 2009 年版，第 229 页图“边际收益与平规章收益关系”。

单位，效益呈上升趋势；第 3 年成本随着经济发展、物价上涨、技术更新、人员费用上涨等不断增加，投入成本上升至 6 个单位，但是效果不明显，为 1 个单位，收益呈下降趋势；此后投入成本继续上升至 8 个单位，但是由于碰触到教育活动无法解决的制度问题，不再产生效果，投入的成本没有收益，都是沉没成本。继续通过教育整顿活动解决“为钱办案”问题，就形成了路径依赖现象，破解这一现象需要停止无效成本投入，转变路径，采用对症下药的新制度。

2. 减少信息不对称，降低交易信息成本

在经济活动中，当信息不对称的时候，为了获得准确的信息，会付出相应成本。检务保障资源的配置，也要为信息付出成本，信息越是不对称，获得信息的难度越大，成本越高。减少信息不对称，就会降低为了获得信息而付出的成本。在配置过程中，检务保障资源的供方和需方都应当向双方传递准确信息，以减少信息不对称；同时，建立渠道，使双方能够方便快速地获得准确信息，降低交易信息成本。

【配置现象分析】为什么争取经费都要“跑一跑”？——信息不对称现象增加交易成本

很多基层检察院每年为经费伤透脑筋，有的地方检察长把跑经费作为重点工作，跑财政争取更多一点的预算经费，跑上级争取多一点的转移支付资金。为什么有的地方不跑就要不到足够的经费，跑一跑就要到了呢？人们普遍认为是我国传统的人情社会造成了这一现象。但是从经济学角度分析，可以找到更深层次的原因，这就是信息不对称造成的交易成本上升。

首先，作为公共财政部门及其上级检察机关掌握着一定数额但是有限的经费资源及分配资源的权力，面对无数经费使用单位必须做好分配。但是，他们不清楚使用单位真正需要多少经费。其次，检察机关在无数个使用单位中，不清楚财政和上级最多能给多少，其他同等条件的单位需要多少，以及如何平衡供给与需求的差距。于是，有的检察机关申报预算尽量报高一些，财政部门和上级为保证足够分配，则尽量削减。双方都知道这个道理，检察长必须跑财政及其上级检察机关，并一次次申明，这点经费是不够的。财政和上级知道情况后，明白你的底线不在那里，须得再多批一些。如果你不跑，表明这个底线你能承受，“双方成交”。正是由于经费分配标准不完善、不明确、合理性不足，造成信息不对称，通过“跑”沟通和了解交换信息，得到了双方能够接受的结果。但是，这一现象大大提升了检务保障资源供给与使用的交易成本，耗费了基层检察长的大量精力，给社会风气也带来不良影响。在检务保障资源配置过程中，解决这一问题，需要掌握保障对象的实际需求，给出明确而合理的分配标准，把准确的信息传递出去，避免因为博弈[1]难度增加交易成本。

第三节　检务保障资源优化配置

一、检务保障资源优化配置的重要性

（1）促进基层和欠发达地区稳定检察机关人才队伍，给检察人员提供生存、发展和自我实现的条件。

（2）推动检察院办公办案条件无差别改善，满足规范化执法的硬件需求。

（3）保障检察机关财政拨款充足，促进规范执法，从根本上杜绝“为钱办案”。

（4）促使检察机关全面履行检察职能，转变对“能搞钱”的职务犯罪侦查工作非理性投入，加大对群众渴望但投入不足的侦查活动监督、民事诉讼监督、行政诉讼监督等工作的重视程度，保障各项工作具有同等发展的条件。

二、检务保障资源优化配置的原则

（一）满足需求原则

检务保障资源不论在种类、数量、时间还是空间上的配置，依据的都是检察机关履行法律监督职能对保障的客观需求性。因此合

[1] 博弈，词语解释是局戏、围棋、赌博。现代数学中有“博弈论”，亦名“对策论”“赛局理论”，属应用数学的一个分支，表示在多决策主体之间行为具有相互作用时，各主体根据所掌握信息及对自身能力的认知，做出有利于自己的决策的一种行为理论。参见 http://baike.com/view/594706.htm。

理配置检务保障资源，使之最大限度地满足各级、各地检察机关对不同资源的需要，这是有效配置的出发点和归宿。

（二）效率和质量原则

资源优化配置在经济上的目标是效益最大化，效益的产生离不开高效率和高质量，检务保障资源优化配置更要从制度层面、机制层面，关注效率和质量，及时、足额、优质地配置到位。

（三）共享原则

检务保障资源信息、机制的衔接与共享，装备、网络的对接与共享，能够有效提高优化配置的效率，降解低配置成本。

（四）发展原则

优化配置立足于检察人员的发展空间、办公办案条件的发展、科技强检的不断发展等，从长期角度做好配置规划，力促配置效益的最大化。

三、检务保障资源优化配置效率与公平的实现

经济学理论认为效率是一个市场经济概念，指资源配置有效，并得到充分利用。公平则是在许多领域都涉及并被探讨的概念，特别是在社会科学领域，公平是接近平等和公正。有的经济学家主张“效率优先”，有的主张“公平优先”。著名经济学家萨缪尔森、伯格森、凯恩思等主张“效率与公平兼顾”，[1] 认为首先把“蛋糕”做大，其次把“蛋糕”分好。在国民收入初次分配领域应以效率为主，二次分配领域以公平为主，保障公平时需要采取政策措施进行干预。

---

[1] 崔东红、陈晶主编：《微观经济学原理与实务》，北京大学出版社、中国农业大学出版社 2009 年版，第 410 页。

在检务保障资源配置领域，追求效率和公平的实现同等重要。从宏观层面看，着重需要实现公平，从微观层面看，着重需要实现效率。

（一）实现宏观配置效率与公平的路径模式

在宏观层次上，检务保障资源配置必须服从社会经济效率的总体目标，其任务是合理安排检察工作的供给，促使检察工作和社会经济发展协调同步。通过机制建设，重点促进公平的实现，包括消除由于信息不对称、地方经济发展程度不同、外部政策实施的不同等而引起的配置差异，同时也避免出现保障充足的地方越来越饱和、保障不足的地方越来越困难的“马太效应”，[1] 避免出现资源种类、数量配置的“挤出效应”，在公平的体制下实现效率。其路径模式如图 2－5 所示。

图 2－5 表明，实现宏观配置效率和公平的关键是，递增供给总量，接近或达到需求总量。路径是通过内部需求信息采集机制、外部信息采集机制、供给标准制定和修正机制、供给管道机制、供给反馈机制等，适时掌握需求、调控供给总量，保障宏观层面实现公平。图中五项机制在同一个平行线上，需同时运行，才能保障资源供给和需求的信息准确、标准合理，渠道通畅，减少博弈难度，为递增总量提供现实基础。

（二）实现微观配置效率与公平的路径模式

从检察机关内部来考察，怎样在供给总量一定的情况下，充分保障职能作用的发挥、人员积极性的调动、管理活动的开展等，使

[1] 马太效应（Matthew Effect），是指好的愈好、坏的愈坏、多的愈多、少的愈少的一种现象。名字来自《圣经》中的一则寓言。在《新约·马太福音》的“马太福音”第二十五章中有这么说道：“凡有的，还要加给他叫他多余；没有的，连他所有的也要夺过来。”社会学家从中引申出了“马太效应”这一概念，用以描述社会生领域中普遍存在的两极分化现象。参见百度百科“马太效应”词条，载 http：//baike.com/view/7020.htm。

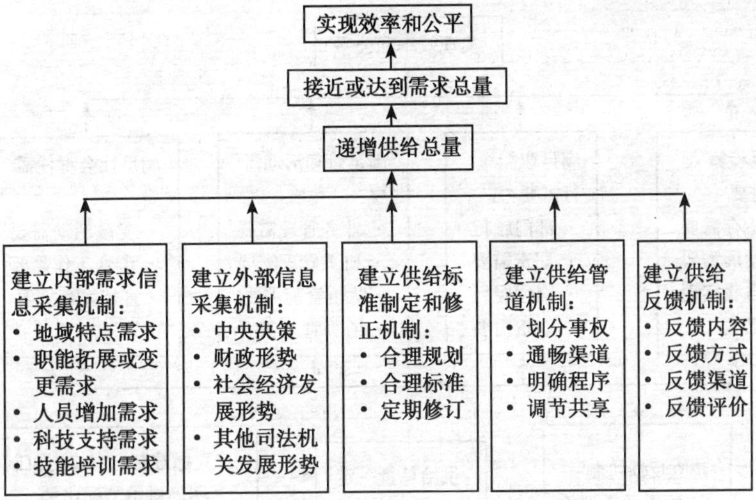

图 2－5　实现宏观配置效率与公平的路径模式

资料来源：本图受肖余春主编《组织行为学》，机械工业出版社 2009 年版，第 262 页“矩阵设计”图启发。

资源得到有效利用，其核心是根据需求情况合理分配供给，并做好反馈和调节。如图 2－6 所示。

图 2－6 表明，检察机关内部在供给总量一定的情况下，需要确立分配的标准，在满足人员需要、职能履行需要、管理活动需要、社会责任需要等方面，明确哪些是重点配置对象、比例如何划分，同时建立反馈机制，通过一定机构、人员和方式，对供给是否满足需要的情况进行收集、评价、反馈，再根据反馈对配置标准进行调整。在这一路径模式中，设置明确目标、公开配置标准、建立分配和调整机制以及评价反馈机制，将降低信息不对称产生的交易成本，减少制度指向不明确造成的制度消费沉没成本，解决沟通规则不足造成的供需不平衡现象，使供给紧紧围绕需求充分发挥效益。

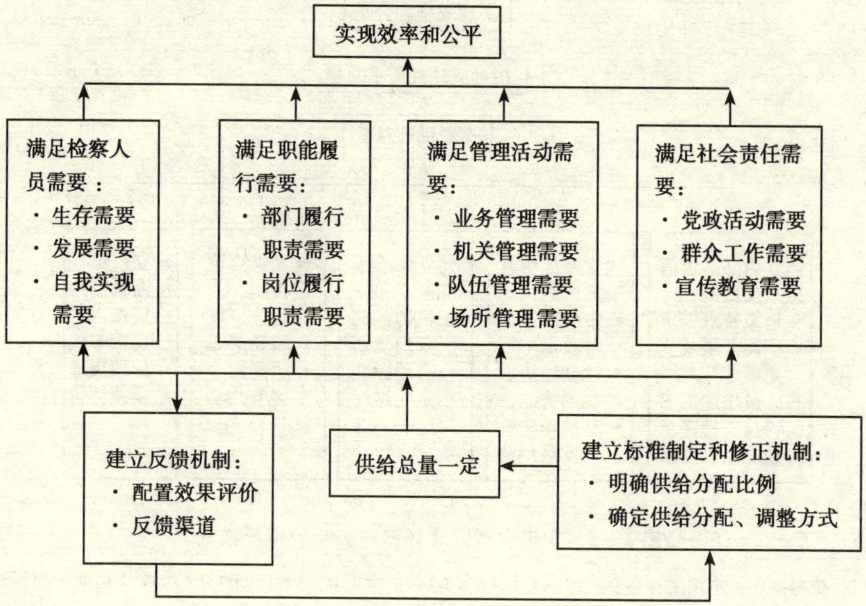

图 2－6　实现微观配置效率与公平的路径模式

资料来源：本图受肖余春主编《组织行为学》，机械工业出版社 2009 年版，第 262 页“矩阵设计”图启发。

四、主要的检务保障资源优化配置模式

前文阐明了检务保障资源配置的原则和基本方法、实现优化配置效率和公平的路径模式。在宏观层面上，以几类主要检务保障资源为例，把优化配置的目的、方式、效果之间的变量关系用模型方式做些探讨，有助于更准确地理解检务保障资源的优化配置。

（一）人员经费优化配置

人员经费是检察机关队伍稳定的基础。人员经费供应总量增加，才能逐步达到基层和欠发达地区吸引人才、留住人才的目的。在保障过程中，人员经费优化配置分为四个层次：（1）工资、津补贴按时、足额到位，将满足人的生存需要；（2）工资、津补贴以省级检

察机为单位统一规范，将满足人的平等待遇；（3）建立检察人员分类管理，工资津贴按类别发放，将满足人的发展；（4）工资不低于同地区国家综合类公务员，将满足人的尊严。

基层和欠发达地区检察人员的生存空间、发展空间，随着人员经费供应总量和四个层次的条件的增加而扩大。其优化配置模型如图 2－7 所示。

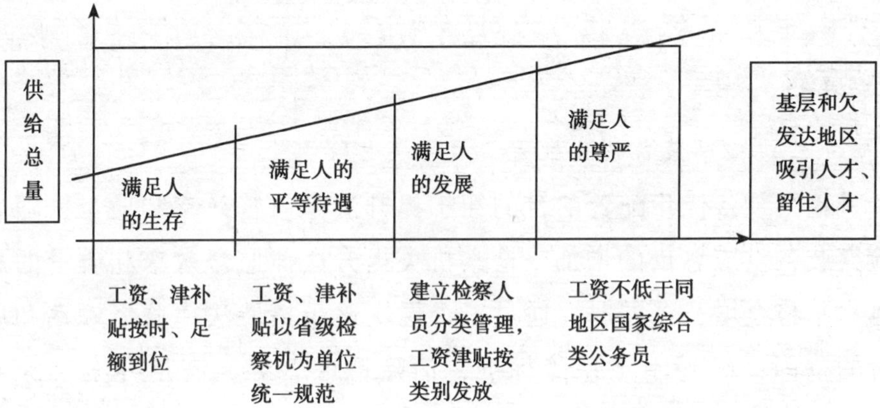

图 2－7　人员经费优化配置模型

资料来源：本图受肖余春主编《组织行为学》，机械工业出版社 2009 年版，第 207 页“领导行为的连续带”图启发。

（二）公用经费优化配置

公用经费是检察机关的主要经费开支项目。公用经费总量增加，能促进保障依法、全面履行法律监督职能。通过三个层次逐步拓展检察机关职能效益的空间：（1）提高标准，将满足日常运行；（2）建立年增长机制，将满足检察事业发展；（3）国家公共财政相对均等化保障，将推动建立检察机关司法公信力。

检察机关履行职能产生的效益，随着公用经费供应总量增加，以及三个层次的条件的增加而扩大。其优化配置模型如图 2－8 所示。

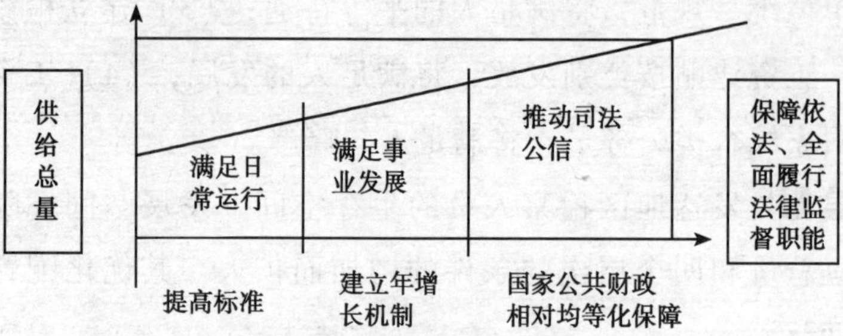

图 2-8　公用经费优化配置模型

资料来源：本图受肖余春主编《组织行为学》，机械工业出版社 2009 年版，第 207 页“领导行为的连续带”图启发。

（三）检察装备优化配置

检察装备优化配置的目的在于提升法律监督效率和质量，随着检察装备供应总量的增加，检察机关提升法律监督效率和质量的总体水平将会增长。同时，通过三个层次逐步拓展法律监督效率和质量的空间：（1）制定保障标准，消除地区差异，满足办案实际需要；（2）统一装备管理，建立内外共用共享平台，提高装备利用效率；（3）建立正常增长机制，保障检察工作发展需要；（4）国家公共财政相对均等化保障，促进科技强检。检察装备的优化配置模型如图 2-9 所示。

（四）基础设施优化配置

侦查技术用房、办公用房是基础设施保障资源的主要内容，通过三个层次逐步优化侦查技术用房等基础设施的资源配置，实现保障检察机关规范化建设的目的：（1）制定标准，消除地区差异，满足检察工作基本条件；（2）中央、省级投资并统一规划，检察机关使用，满足检察机关深入履行职能的需要，使全国检察机关基础设施配置均等配置；（3）政府主导基础设施社会化管理，降低成本，节约资源，促进基础设施建设和维护工作均衡、良性、健康发展，

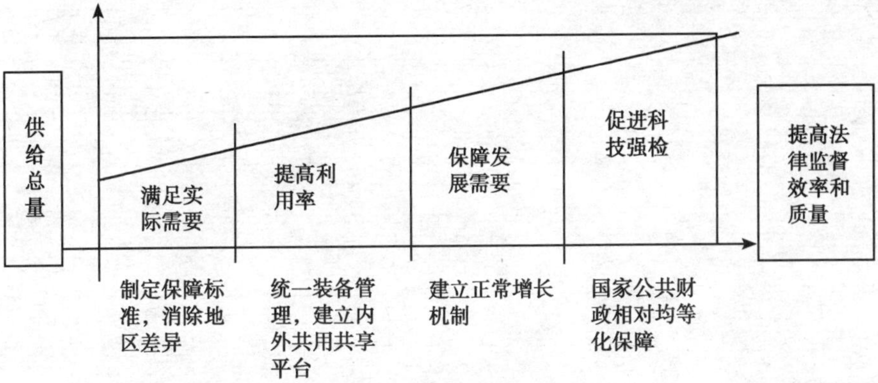

图 2－9　检察装备优化配置模型

资料来源：本图受肖余春主编《组织行为学》，机械工业出版社 2009 年版，第 207 页“领导行为的连续带”图启发。

持续有效保障检察工作发展。模型说明随着配置优化、供给总量的上升，改善办案条件、促进科学发展的效果将不断加大。基础设施优化配置模型如图 2－10 所示。

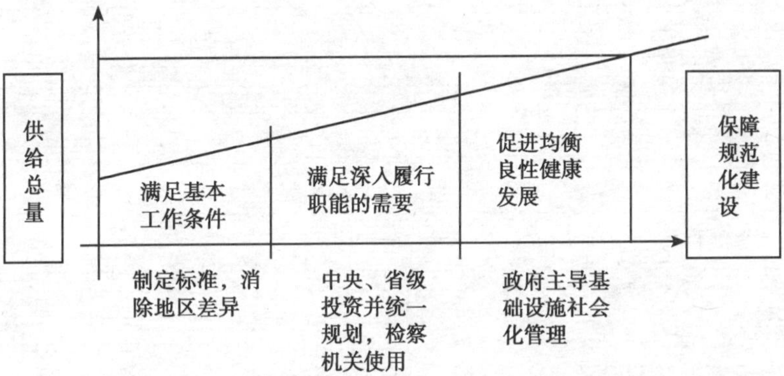

图 2－10　基础设施优化配置模型

资料来源：本图受肖余春主编《组织行为学》，机械工业出版社 2009 年版，第 207 页“领导行为的连续带”图启发。

第三章　检务保障模式研究

【学习目的和要求】

- 掌握检务保障模式的概念与特征
- 了解主要国家与地区的检务保障模式
- 把握中国传统检务保障模式、中国现行检务保障模式及其缺陷
- 重点理解中国国家均等化检务保障模式的特点

第一节　检务保障模式概论

一、检务保障模式的含义

检务保障模式，是指国家为确保检察机关履行职责、行使职权而提供全方位的后勤支持和设备保证的规则和方式。一般来说，检务保障模式包含的要素有：保障理念、保障主体、保障管理、保障功效。

（一）保障理念

保障理念是指检务保障的指导思想。所谓“理念”，表现为目

标、原则、立论的理据和逻辑的原点。[1] 目前我国有三种代表性的检务保障理念。第一种是建立在“检察权是地方事权”基础上的分级主义。该理念认为，检察权属于地方事权，检务保障理应由所在地区政府分级承担。在中国这样一个地区发展很不平衡的大国，不可能建立统一的检务保障体制。第二种是建立在“检察权是中央事权”基础上的均等主义。这是与效率主义几乎完全相反的立场和观点。该理念认为“检察权、审判权等司法事权属中央政府提供的全国性公共产品服务”，应“建立国家统一保障的体制机制”。[2] 第三种是立足现实的过渡主义。这其实是均等主义者一个退而求其次的理念，其主旨是考虑到在现有国情下，一步实施国家统一保障有一定的难度，可以采取中央与省两级负担各级检察机关保障的过渡办法，“最高人民检察院的经费由中央财政负担，地方各级检察院的经费全部由省级财政负担。……可以采取以下辅助性措施：一是中央财政继续实行司法专项经费转移支付制度，对贫困地区检察机关的办案经费、装备和基建费用给予补助；二是地、县两级财政按一定比例向省级财政上缴财政收入；三是地方各级检察院办案中追缴的赃款赃物等，统一上缴省级财政管理”。[3]

（二）保障主体

保障主体，简单地说，就是检务保障资源的提供者，它是随着检务保障环境变化而变化的。在20世纪八九十年代甚至21世纪初，

---

[1] 景天魁：“社会保障的理念基础”，载 http://www.cass.net.cn/file/200304035995.html。

[2] 徐汉明、何大春编著：《中国现代司法（检察）保障体制改革研究》，中国检察出版社2009年版，第14页。

[3] 向泽选：《法律监督：理念、机制与改革》，中国检察出版社2011年版，第211页。

很多检察机关处于“吃杂粮”时期，保障主体除了本级政府外，有自己经营的各类公司，有被“拉赞助”的当地部门，有缴纳罚没收入的单位和个人。在目前各类管理持续规范的情况下，检务保障主体仅指中央人民政府及地方各级人民政府。

（三）保障管理

检务保障管理是为确保检务保障达到预期目标而实施的一系列计划、组织、协调和控制活动，有狭义和广义之分。狭义的检务保障管理是指检察机关以主体的身份实施主导性的控制，使得使用财、物等检务保障资源发挥应有功效的过程。广义的检务保障管理包括政府管理和检察机关内部管理。鉴于本书主要讨论检察机关内部管理，所以我们选用狭义的检务保障管理含义。

保障管理由三个基本要素构成，即保障管理主体、保障管理客体、保障管理模式。管理主体简言之，就是指各级检察机关；管理客体，是指检务保障资源。需要重点研究的是检务保障管理模式。保障管理模式，是指从特定的检务保障管理理念出发，在检务保障管理过程中固化下来的一套操作系统，由检务保障管理理念、检务保障系统架构和检务保障操作方法三个方面组成。目前，我国理论界与实务界在保障管理模式方面的研究严重滞后。检务保障管理模式还属于粗放式的传统管理模式，离精细化的现代检务保障管理有相当大的差距。现代检务保障管理模式及其运行须遵循以下原则：

1. 人本原则

主要包括检察人员是保障管理的主体，检察人员参与是有效管理的关键，使人性得到最完美的发展是保障管理的核心，服务于人是保障管理的根本目的等。

2. 系统原则

检务保障管理构成是一个有组织的开放性系统。其模式构建遵循系统分析、评价、设计、优化、决策和运行的路径依赖。其运行需按照系统管理途径及方法，一方面，这种系统管理功能的充分发挥，使管理呈现规模报酬及其递增的趋势，而较好地克服保障模式缺陷所带来的摸索成本、协调成本、执行成本，使检务保障管理效用最大化；另一方面，这种保障管理模式在化解各种管理矛盾与冲突过程中，自身得到检验、补充与觉悟。

3. 科学管理原则

即通过调查研究管理的规律，提高保障管理标准化水平，采用先进的管理技术，不断提高管理效率。

4. 效益原则

检务保障管理应当确立正确的效益观，把系统效益与社会效益有机结合起来，不断提高管理规模效益等。

（四）保障功效

检务保障功效，指检务保障工作所获得的预期结果或者成效，它决定着检务保障的目标是否能够顺利实现。对保障功效的评价是核心问题，也是一个难点。在实际操作中，建议采用功效系数法。

功效系数法又叫功效函数法，它是根据多目标规划原理，对每一项评价指标确定一个满意值和不允许值，以满意值为上限，以不允许值为下限。[1] 该方法计算各指标实现满意值的程度，并以此确定各指标的分数，再经过加权平均进行综合，从而评价被研究对象的综合状况。运用功效系数法进行业绩评价，检务保障具体活动中不同的业绩因素得以综合，包括财务的和非财务的、定向的和非定量的。

[1] 参见 http://baike.baidu.com/view/1796103.htm。

功效系数法的模型为[1]：

单项指标评估分值 di =（Zis - Zib）/（Ziy - Zib）×40 + 60

综合指数 D = P√d1p1d2p2…dnpn

国家经贸委财经司与国家统计局工交司联合推荐的“功效系数法”对此作了适当的改进，采用了“比率分析（每一指标均采用比率性指标进行比较分析）、功效记分（对每一指标均确定一个满意值和不允许值，并以不允许值为下限），计算各指标实际值实现满意值的程度，且转化为相应的功效分数，最后，将指标的功效分数乘以该指标的权数，即可得到该指标的评估得分、总分评定（按各项指标的重要程度不同，事先给定出相应的标准分即权数，然后按照企业的各项指标实际值与标准值差异的大小，分档记分。各指标得分之和即为总分数）”的方法。[2] 其模型为：

D = ∑［（Zis - Zib）/（Ziy - Zib）］

或 D = ∑［（Zis - Zib）/（Ziy - Zib）×Pi + Qi］

其中：Qi 为分档基础分。[3]

我们将功效系数法引入检务保障功效评价中，具体操作步骤为：

（1）设置五档标准值。各项指标的评价档次分别为优（A）、良（B）、中（C）、低（D）、差（E）五档。

（2）对应五档标准值赋予五个标准系数：1、0.8、0.6、0.4、0.2。

（3）按以下方法对每个指标计分：

①上档基础分 = 指标权数 × 上档标准系数；

---

[1] 参见 http://baike.baidu.com/view/1796103.htm。

[2] 王军、万鹏：“成长型中小企业评价体系综述”，载《武汉科技大学学报（社会科学版）》2007 年第 1 期。

[3] 同上。

②本档基础分 = 指标权数 × 本档标准系数；

③调整分 = （实际值 − 本档标准值）/（上档标准值 − 本档标准值）×（上档基础分 − 本档基础分）；

④单项指标得分 = 本档基础分 + 调整分；

（4）总得分 = ∑单项指标得分。

以上四者的关系是紧密联系的。保障理念是前提，保障主体是核心，保障管理是关键，保障功效是目的。

二、检务保障模式的特点

（一）依附性

检务保障模式作为一种规则和方式，它受一个国家的经济发展水平、社会政治环境和公共财政保障模式等诸多方面的制约。这种依附性，会因为经济的属性能量，能够左右受惠者的思维意识、能够支配受惠者的行为规则。但是检务保障模式一旦形成并持续运行，就具有相对独立性，对其所依附的因素具有积极的反作用。

（二）差异性

检务保障模式的差异性表现在很多方面。

1. 同一国家和地区，不同时期的检务保障模式存在差异

以我国为例，自新中国成立以来我国实行统收统支的财政预算体制。新中国成立初期，国家财政收入来源单一，经济总量不足，所以实行的是中央统供的保障模式；检察机关恢复重建以来至2008年，检务保障规则和方式的核心是“分灶吃饭、分级负担、分级管理”，实行由各级财政承担同级政法检察经费保障责任的运行机制；2009年实行政法经费保障改革，检务保障模式呈现“分灶吃饭” + “分类别、分项目保障”的形式。

2. 同一法系的国家和地区，检务保障模式存在差异

如英国和美国同属英美法系，两国在检务保障模式上却迥然不同。英国的公共财政体系实行中央、郡和区政府领导下的三级管理体制，但是对司法经费实行中央政府统一保障的体制。这表明，英国比较重视司法并把司法作为中央事权对待，其保障体系摒弃了“三级分灶保障”的体制，从而大大增强了检察权行使的统一性与一体性。美国立国以后，其国家结构形式采用联邦制，公共财政实行中央与州分立的领导与管理体制。与此相协调，联邦司法系统的经费由联邦政府统一负担，各州的司法保障体制不尽一致，但多数采取由州财政统一保障的模式。这种“双头平行”保障模式，既保障联邦司法检察权行使的一体遵循，又兼顾各司法检察权行使的相对独立性与灵活性。

3. 经济发展水平大致相当的国家和地区，检务保障模式也有所不同

如法国和德国2009年人均国民生产总值分别为40 782美元和39 650美元，分别排名世界第18位和第19位，经济发展水平十分接近。但法国的司法经费全部由中央财政负担，而德国司法经费则由联邦政府负责联邦司法机关的经费，各州负担自身的司法经费。

（三）强制性

检察权是公权，检务保障的目的是通过运用公共资源生产出检察公共产品，所以其模式也是国家强制规定并强制执行的。不少国家为此制定了专门的法律和规定。英国基本法规定，司法部门作为向全国所有个人提供具有以国家为整体考虑的集体性质的“公共劳务职能”而与“资源配置职能”“稳定经济职能”一起作为中央财

政的三大职能之一，由中央政府予以保障。[1] 不仅如此，公共服务部门大臣与财政部长还要签订 3～5 年的《公共服务协议指标》。

三、检务保障模式的分类

根据保障的主体不同，检务保障模式可以分为同级保障模式、中央保障模式、同级与中央相结合的保障模式、中央与省（州）级共同保障模式。同级保障模式是指由同级公共财政各部门提供检察权运行所需的保障资源，中央保障模式是指由中央财政提供检察权上下一体运行所需保障资源，同级与中央相结合的保障模式是由中央和地方共同提供检察权分级运行所需检务保障资源，中央与省（州）级共同保障模式是中央财政负责国家检察院的保障、省级财政负责提供省级以下检察机关的检务保障。我们姑且分别称为 A 模式、B 模式、C 模式和 D 模式，如图 3－1 所示。

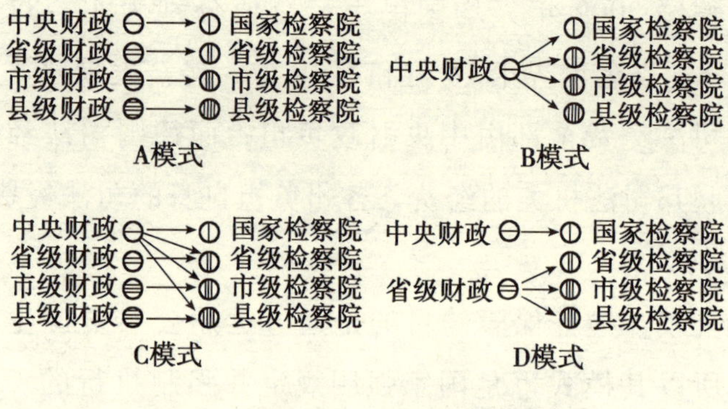

图 3－1　检务保障四模式

---

[1] 中华人民共和国财政部行政政法司："英德美巴司法经费保障情况"，载 http：//www. mof. gov. cn/pub/xingzhengsifa/zhengwuxinxi/tashanzishi/200806/t20080620_ 47662. html。

四、决定检务保障模式的主要因素

（一）国家结构形式

在当代国家结构中，单一制与联邦制是主要形式。世界上大多数国家的中央政府与地方政府，都有一种明确的事权划分。不论中央财政主要承担体何种支出，地方政府承担哪些支出，都有明确的界定。由于国家结构形式不同，中央与地方事权及其经费的划分也有所差异。大多数单一制国家将检察权纳入中央事权，实行的是国家均等化检务保障模式；多数联邦制国家将检察权纳入中央与地方事权，实行的是分级负担检务保障模式。

（二）检察制度

一个国家和地区检察制度的确立，与其历史渊源、宪政结构、社会文化息息相关。"各国检察制度都是国家法制统一的有力武器，是国家权力自我制衡的重要工具，但不同国家检察机关的性质、地位、结构等却存在很大差异"。[1] 检察制度确立后，检务保障模式就应运而生，两者是内容和形式的关系。如英国皇家检察院不对地方政府负责，实行自下而上的垂直领导，统一行使公诉权。为了摆脱行政机关和地方当局的控制和影响，皇家检察院实行了财政独立、经费独立预算，也就是实行了国家均等化检务保障模式，这就使得皇家检察院彻底独立于行政机关和地方政府。

（三）文化差异

文化是在同一个环境中的人民所具有的共同的心理程序。"我们显然是不能够抛开法律的文化脉络去单独谈论法律，法律作为一种

---

[1] 徐汉明：《转型社会的法律监督理念、制度与方法（上）》，知识产权出版社 2011 年版，第 151 页。

文化是一个社会中对于如何建构一种秩序的观念上的表达……也可以称为集体表征。”❶ 不同的群体、不同的国家或地区的人们，这种共有的心理程序之所以会有差异，是因为他们受着不同的教育、有着不同的社会背景和工作环境，从而也就有不同的思维方式。这样就形成各国各地区法律传统、文化渊源的差异，其对于检察机关的定位、保障模式也产生重大影响。有的将检察权视为中央事权，根本目标是保证宪法和法律在全国范围内统一正确实施，维护宪法和法律的尊严、权威，与之相适应，建立国家公共财政均等化统一保障的体制与机制。而少数国家习惯于把检察权作为中央与地方分级事权对待，按照分级保障的体制和机制来保障检察权的行使。

（四）经济发展阶段和水平

经济基础决定上层建筑，同样也决定检务保障模式。经济发展状况良好、国家财力充裕，中央财政在检务保障中可能会承担更多的责任；反之，则会承担较少的责任，甚至不承担责任。在不同的经济发展阶段，一个国家的财政体制会有所变化，检务保障模式也会发生变化。

第二节　主要国家和地区的检务保障模式

世界上很多国家和地区都高度重视检务保障，建立了比较健全的法制化财政保障制度，以立法的形式保证检察机关的经费来源，把它作为公共支出的重点予以保障，确保检察机关不因经费方面的问题影响执法或受控于其他机关和个人。

---

❶ 赵旭东：《法律与文化》，北京大学出版社 2011 年版，第 264 页。

一、单一制国家的检务保障模式

世界上单一制国家主要有：中国、法国、意大利、日本等。这里主要介绍一下英国、法国等国家的保障模式。

（一）英国的检务保障模式

英国是单一制国家[1]，其法律制度既是英美法系的典型代表，又具有大陆法系的法律文化传统。以这种多元文化结构基础建立起来的法律制度及其安排，形成了其自身一大特色。英国法律制度中的大陆法系法律制度传统，如苏格兰司法检察等法律制度，通常被人们不甚提及。世人一般界定英国的法律制度是指英格兰和威尔士的法律制度。而且有大陆法系传统的苏格兰法律制度常常被排除。据此，英国的公共财政有中央、郡和区三级。其对司法经费实行的是由中央政府一级保障的体制，也就是B模式。为了维护检察机关的独立建制而不依附于行政机关，确保独立行使检察权，英国检察系统实行财政独立。英国皇家检察院的业务经费和人员工资均由财政部根据议会的决定予以划拨，皇家检察院检察官和辅助人员人数也由财政部确定，经费管理主要由总检察长办公室负责。检察机关从财政部获得经费预算后，再直接向各检察院、警察局、监狱等分配经费。经费的统一划拨保证了其检察权的独立行使，使检察机构完全摆脱了地方当局的控制和影响。在这种情况下，检察长及其领导下的皇家检察院在做出决定时是完全独立于政府的。例如，有证据表明某一资深大臣有犯罪行为，检察长会与总检察长进行磋商。如果证据确凿，就会直接对该大臣提起公诉，不受其他国家机关、社会团体和个人的非法干涉。检察机关经费独立预算，使英国检察院

[1] 参见 http://baike.baidu.om/view/141480.htm。

完全摆脱了地方政权的控制。[1] 当代英国检察制度的重大改革，在英联邦国家产生了重大影响，并纷纷仿效英国进行本国检察制度的改革。如新西兰、挪威、乌干达、南非等国家也相继建立了由总检察长领导的反贪局，把检察工作推上了一个新的台阶。这种模式的特点有六个方面：

1. 通过强化各部门之间的业务合作提高资金使用效率

英国政府鼓励各司法部门通过加强协调合作以提高工作效率、降低司法成本。在刑事司法系统中，从地区到中央均成立了刑事司法委员会，统一协调警察、检察、审判、监狱、假释等各部门的工作。每个委员会年初要提交合作计划，制定体现效率的业务指标，并向社会公布；英国法院系统还成立了量刑指导委员会，目的是保证各法院量刑的一致性，使法官清楚量刑结果对监狱的影响，提倡判轻刑、短刑、罚金刑。英国财政部的官员认为，在整个司法系统，每一个部门作出的决定，都会引起其他部门工作成本的变化。因此，他们从预算角度进行控制，促使各相关部门都要考虑效益。

2. 实行资源共建和共享

英国由内政部统一投资建立刑事司法信息系统，也称“案卷公助系统”，在各司法部门间做到了案卷互换、信息共享。

3. 财务管理工作日益受到重视

在英国，司法部门之间的主要合作领域是在公共服务领域提出一些指标，并逐渐体现在资金方面。例如，统一计算刑事司法系统的信息技术开支，审查42个地区刑事司法委员会如何更好地运用资金、提供工作。政府越来越强调在资金运用上的专业化，并且要求

---

[1] 向泽选：《法律监督：理念、机制与改革》，中国检察出版社2011年版，第210页。

财务主管必须是部门最高领导层的人员。

4. 对人员控制十分严格

由于人员支出占司法支出的绝大部分，英国财政和司法行政主管部门在经费分配时，以工作量为依据，不与人员挂钩，各单位则依据获得的经费多少来决定雇用的人数。

5. 通过目标管理控制司法经费支出总量

英国由公共服务部门大臣与财政部长签订3～5年的《公共服务协议指标》，包括在有限的资金内犯罪率下降指标、案件审结指标、关押能力增加指标、法律援助指标等，所有这些指标都要公布。各司法部门根据经费总量自行安排采取何种措施完成所有工作任务，而不是每增加一件事情都要财政另行增加经费才能办理，资金不够也由各部门通过改进业务管理方式、减少人员等办法自行解决。

6. 重视对预算执行情况的监督

英国对法律援助经费虽然实行按实拨付，但仍然需要编制预算，支出情况要接受审查，并通过招标确定参与法律援助的辩护律师。各司法部门几乎每个月对财务状况进行分析和评价，并逐级上报。财务分析和评价不仅是掌握经费开支状况，更重要的是检查经费使用的效果。英国各个司法行政区域的地区主管办公室都专设了一名绩效经理，专门负责对辖区司法机关经费使用效果进行定期评估、考核。通过绩效评价可以使各司法机关对照绩效指标来改进工作、提高效率，社会和公众也可以依据绩效指标来树立对司法支出的价值认同。英国对司法部门资金的使用效益，实施了从单位内部到主管部门、财政部门、审计部门、议会以至社会等各方面在内的全方位监督体系。每个单位内部都有严格的对预算执行进行监控和绩效考核的管理运作程序；主管部门负有对单位的管理、监督责任，并在预算分配和执行环节实行严密的监管；财政部门通过预算、成本分析、绩效评价、与主管部门签订《公共服务协议》等形式对司法部门进行效益监督；审计部门对单位的支出账单可以随时进行抽查，对超支情况更要进行严格审计；各部门的年度预算、审计结果、绩效评价结果甚至增加编制都要报议会批准；经批准后的各部门预算、对单位支出的审计结果、部门提高效率计划等都要在网站上公布，接受全社会的监督。如英国皇家检察署2010年11月起草的冬季补充概算报告，首先阐明“资源请求”的原因是“本部门占有使用的公共资源致力于——将罪犯绳之以法，追讨赃款赃物，改善向受害人和证人提供的服务，提高公众对法庭裁决和呈堂供述的信任”。补充概算的金额为818.5万英镑，这样皇家检察署全年的预算达到63 938.5万英镑。报告中还包括对提请审议的预算变动、包括额外拨款的次级细化预算修订、以现金调节的资源、可用于调节基金支付的额外进款、部门运营成本预测、概算说明等内容。尤其值得借鉴的是，该报告专门对这次补充概算任命了三名会计官员，各人的职责一目了然，还对会计官员在履行职责时应该注意的事项作了清楚的说明。

（二）法国的检务保障模式

在单一制国家，检务保障亦得到高度重视。法国的检察机关附设于各级法院内，归属司法部，其经费也由中央财政负担[1]，其财政体系分为中央、省、市、镇四级。中央财政负责社会安全、国防、外交等部委工作的正常运行。检察经费就包含在社会安全里面。在法国一个刚刚任职的检察官月薪2万法郎，一般检察官到退休时月薪可达4万法郎；他们夜间和周末加班均有奖金，奖金相当于薪金

[1] “检察院经费预算应采取何种方式”，载《检察日报》2004年12月27日第8版。

的 40% 。[1]

（三）日本的检务保障模式

日本制定了专门的《检察官薪金法》，建立了单独的检察官工资序列，并随着国家公务人员工资增减情况同步浮动。从工资总体水平看，检察官的工资水平与法官基本一样，要比普通公务员高出 30% 。除法律规定的工资外，检察官还享受国家规定的各种奖金和津贴。津贴主要根据地区差异确定，如在东京工作的检察官就可以享受占工资总额 12% 的地区补贴；奖金则视个人工作表现决定，最优秀人员的奖金相当于月工资的 1.4 倍。日本检察官工资档次分为 26 级，其中最高检察厅检事总长、东京高等检察厅检事长、最高检察厅次长检事和其他 7 个高等检察厅检事长的工资档次分居前三位。检察官和检察事务官的工资按年功和资历晋升，第一次晋升一级工资只需半年时间，第二次需 9 个月，此后隔一年半升一级，工作 10 年以后每隔两三年晋一级工资。此外，检察官和辅助人员退休后的退职金也非常高，生活在较高的水平线上。[2]

（四）越南的检务保障模式

越南的原司法保障体制同中国传统的司法保障体制相类似，20 世纪 90 年代初通过了《越南最高人民检察院组织法》等相关法律，实行国家统一保障。其组织法第 49 条明确规定，人民检察院的经费由最高人民检察院负责预算并建议政府递上国会讨论决定，军事检察院经费由国防部和最高人民检察院预算，并建议政府递上国会讨论决定；第 48 条规定，检察官调查人员在实施任务过程中的工资补

[1] “赴法国、德国司法考察报告”，载 http://www.21gwy.com/xiezuo/2035/a/4515/354515.html。

[2] 童建明、熊少敏、张巍：“日本检察人员管理的主要特点”，载 http://www.japanlawinfo.sdu.edu.cn/html/xingfa/20071202/395.html。

贴、身份证、制服制度由国会常务委员会规定；检察院等政法机关人员津贴比一般公务员高约20%。[1]

二、联邦制国家的检务保障模式

全世界有美国、加拿大、巴西、阿根廷、委内瑞拉、瑞士、德国、奥地利、俄罗斯、印度、马来西亚和澳大利亚等20多个国家采用联邦制。下面主要介绍一下美国和德国的检务保障模式。

（一）美国的检务保障模式

美国是联邦制国家，建立了比较健全的法制化财政保障制度，以立法的形式保证司法机关的经费来源，确保司法机关不因经费方面的问题影响执法和受控于其他机关和个人。

美国检察体制具有“三级双轨、互相独立”的特征[2]，对司法部门的经费实行2～4级保障的体制。联邦司法系统的经费由联邦政府统一负担，各州的保障体制不尽一致，但多数采取由州财政统一保障的模式；地方检察官和警察主要由地方选举产生或组建，其经费分别由所属的州、县或市镇地方政府承担。虽然美国原则上对联邦和各州司法经费实行严格划分，但根据实际需要，联邦政府也会对州以及地方司法部门的执法活动进行一定补助。如在2006年联邦司法部预算中，专门用于补助地方司法机关开展“平安社区”“反恐训练”以及“地区间信息共享”等项目的经费约占其当年总预算

[1] 向泽选：《法律监督：理念、机制与改革》，中国检察出版社2011年版，第210页。

[2] 何家弘：“论美国检察制度的特色”，载《外国法译评》1995年第4期。

的 10% 。[1] 其特点有：

（1）检察官收入较高。美国检察官的收入与法官相同，而各级联邦法院法官的年薪在 13 万 ~16 万美元，州法院法官的年薪在 6 万 ~12 万美元。[2]

（2）注重提升资金使用效率。如美国巴尔的摩市成立了市长刑事司法办公室，负责协调不同部门、组织在打击刑事犯罪方面的合作，统一管理不同部门公共安全方面的经费，使用效益明显增强。

（3）以司法改革促进司法成本的降低。美国赋予了检察官对具体案件是否决定起诉的权力和进行“辩诉交易”的权力。如果检察官决定不起诉，法院、监狱等司法机构也就不再需要进入相应的司法程序，大约 90% 的刑事案件通过辩诉交易结案，从而降低了司法成本。

（4）强化预算。美国的预算编报一般提前两年就开始进行。由于预算跨度大，预算编制每一阶段的工作都有具体的时间和程序规定，体现了西方国家预算编制的高度组织化、程式化。同时，在公共管理中引入企业机制，司法行政部门在对下分配经费时，不与人员编制挂钩，而是综合考虑当地的面积、人口、失业、经济状况、交通、房屋类型、犯罪率等因素，计算单个工作的成本，以此决定各部门的经费预算。

（5）注重评估。美国总统预算办公室设计了一套“预算项目评估分级体系”，专门用于对联邦政府各部门过去一年的预算执行情况

---

[1] 中华人民共和国财政部行政政法司：“借鉴有益经验，构建符合我国国情的司法经费保障机制”，载 http://www.mof.gov.cn/preview/xingzhengsifa/zhengwuxinxi/tashanzishi/200806/t20080620_47489.html。

[2] 向泽选：《法律监督：理念、机制与改革》，中国检察出版社 2011 年版，第 213 页。

进行效益评估，从而为今后审查预算提供参考依据。对经过评估证明没有取得应有效益的项目，在今后的预算中有可能会被取消。如在审查2006年司法部预算时，总统根据评价结果，取消了被证明没有取得效益的项目，共计12.89亿美元。❶

（二）德国的检务保障模式

德国是联邦制国家，政治上分权自立，实行联邦、州和地方三级政府管理体制，相对独立、自求平衡。德国的检察机关领导体制是垂直领导体制，上级检察机关领导下级检察机关，最高检察机关领导各级检察机关，检察机关不受政府和地方权力机关的领导。这种体制体现了检察机关高度集中的组织原则，有利于检察机关独立、统一、集中地行使检察权，有利于排除外界干扰，高效率地开展检察工作。各级各类检察院检察官除了依法办好案件，维护国家、公众和当事人的合法权益外，无须再去考虑本部门或本人的其他利益，也不必为办案、开会、公务接待等费用问题耗费精力。

德国虽然是三级财政，但对司法部门的经费实行由联邦和州两级保障的体制，也就是D模式。联邦政府负责联邦各检察院、法院、司法部、警察等司法机构的经费，各州负责所有监狱经费和州属司法部门、检察院、法院、警察等部门的经费。联邦和州内政部负责管理警察经费；联邦司法部负责管理联邦检察院及法院的经费，各州司法部管理各检察院、法院及监狱经费，劳工法院、社会法院等专门法院的经费则由劳工部、社会福利部等专门机构负责。与实行分级管理的司法体制相适应，为充分体现司法的独立性，各州除了通过统一的财政平衡政策得到联邦给予州财政的转移支付资金外，

❶ 中华人民共和国财政部行政政法司："英德美巴司法经费保障情况"，载 http://www.mof.gov.cn/pub/xingzhengsifa/zhengwuxinxi/tashanzishi/200806/t20080620_47662.html。

联邦各部门均不能给州司法部门补助任何经费。其特点如下。

(1) 工资标准较高，且差异性小。在德国，检察官工资由专门的法律规定。检察官工资大致分为基础工资、年龄工资、职务工资几个部分，每两年晋升一次，完全按照职位和年龄来确定的高于同级政府公务员工资标准。德国没有为检察官设置等级。无论是在州检察院还是市检察院，处于同一职务层次上的检察官的基础工资和职务工资都是一样的。如果检察官年龄相同，州检察院普通检察官和市检察院的普通检察官的工资收入相同，州检察院的主任检察官和市检察院的主任检察官工资收入也相同。但是，由于年龄工资占有较大比重，低一级职位上年长的人的工资可能比上一级职位上的年轻人的工资高。[1] 除联邦检察院外的检察机关经费和检察人员工资全部由州政府予以保障。根据法律，各州有权制定自己的工资标准。但在实践中，各州在制定工资标准时，都要事先通气，以避免因工资标准差异带来不必要的人员流动。除工资之外，检察官还享受假日津贴，还可以从事与检察官职责不冲突的有报酬的业余工作，例如受司法部聘请担任考官、指导见习检察官到大学进行一次性的讲课。但是，检察人员从事本职工作没有津贴。检察官退休以后，不再保留职务，享受公务员退休工资（约占原工资的75%）。退休的检察官、法官可以不经过考试直接从事律师工作。

(2) 注重实用、节约。德国许多司法机关的房屋都是利用过去的建筑，不少都有上百年的历史。在建设上没有统一要求，只是要确保健康和安全。为简化程序、节约执行费用，刑事诉讼法还规定，检察官可以对轻微罪行直接下达一个类似判决的处罚令，对被告人

---

[1] "赴法国、德国司法考察报告"，载 http://www.21gwy.com/xiezuo/2035/a/4515/354515.html，2008年7月2日访问。

进行经济处罚或不超过一年的监禁。

（3）对人员控制十分严格。德国规定单位增加一个人必须同时减少一个人，并大量削减财政供养人员。裁减人员的方式有，退休后不再雇用新人；或提前退休，给予一次性补贴。司法机关增加职位和人员需要经过财政部核准，因而司法队伍的扩大受国家经济状况的影响很大。

（4）预算编制有很强的计划性和严密性。德国要求各部门先编制一个五年滚动实施的预算规划，用15个月的时间编制为期两年的部门预算。在一个预算年度执行完成后，各部门可以根据情况对下一年度预算作适当调整和补充，并报财政部、内阁和议会批准。重视对预算执行情况的监督，德国联邦各部委支出的账单都要送联邦审计署，由其抽样审查，对发生超支的单位则直接派人进行审计。

（三）其他联邦制国家的检务保障模式

奥地利检察官的工资水平在国家公务员中是最高的，要平均高出15%左右，与法官比较，虽然工资级别标准相同，但工资起点高于法官。在巴西，检察机关包括联邦和州两个系统，经国会批准，可以自由决定所属机构的设立或撤销，独立编制预算。巴西的司法经费按司法部门隶属关系，分别由联邦、州、地区和市镇分级保障。联邦检察院系统的经费由联邦政府统一负担；地方检察院经费由相应的地方政府承担。在巴西，联邦检察长的工资与总统相同。

三、中国港澳台地区的检务保障

中国香港地区没有实行独立的检察制度，在刑事案件中代表国家追诉犯罪的公诉人不是司法机关，而属于行政机关。《香港特别行政区基本法》第63条规定：“香港特别行政区律政司主管刑事检察工作，不受任何干涉。”这个规定保留了香港原有的刑事检察制度。在香港，公务员工资水平高，在社会中处于中上等水平，而且纪律人员、廉政公署人员和警务人员工资水平高于一般公务员工资水平，以确保廉洁高效执法。廉政专员有权决定廉政公署职员的工作条件，使其下属享有比其他政府部门更多的津贴。廉政公署的合同虽不包括养老金，但休假工资照付；此外还有医疗和牙科保险，在某种情况下有住房补贴，以及在合同期满时可领占工资总数25%的退休费；廉政公署职员工资的起点等级较其他政府部门要高，每月的等级津贴奖也使该项工作具有吸引力。廉政公署职员一旦获罪，将被解雇，所有的高待遇和足以使后半生无忧无虑的退休金、养老金将被取消，而且也不会再次进入廉政公署职员队伍或被政府录用为公务员。

中国澳门地区检察院人员编制仅有1名助理总检察长，3名检察长和12名检察官。回归后的澳门检察院具有完全独立、自治的财政管理权，在澳门特别行政区财政年度预算里，列出了检察院的专属预算。随着终审法院院长办公室、检察长办公室的成立，法院和检察院也都建立起了独立的行政和财政管理体系，有助于达成人力、物力资源的优化配置。[1] 在此基础上，检察院的行政、人员管理工作也由检察院自行处理。在澳门地区，检察官待遇优厚。仅从薪俸来看，检察官的薪俸从行政长官薪俸的35%算起，随着服务年限的增加而增加，最高薪俸可以达到行政长官的60%。检察官的居所电话、个人使用的车辆、检察长的房屋使用费用等都由政府负责。这种对检察官的优厚待遇不仅与其社会地位挂钩，更主要的是使其安心履职。

中国台湾地区检察官拥有较高的社会地位、身份保障和福利待

---

[1] 刘高龙、赵国强主编：《澳门法律新论（上卷）》，社会科学文献出版社2010年版，第149页。

遇。初任检察官的职等为荐任六至九等，已经相当于警察分局长的职级。与同职等的其他公务员相比，司法官在领有同职等薪资的同时，另享有一倍于薪资的司法官津贴，并在住房、子女教育等方面享受特殊福利。❶

第三节　中国传统检务保障模式

一、模式特点

中国传统检务保障模式呈现“一主三辅”的多元结构形态，即中国内地、香港、澳门和中国台湾地区各具特点、并行发展、互不兼容的传统保障模式。本章重点讨论中国内地传统检务保障模式。中国（内地）传统检务保障模式，是指自检察机关恢复重建以来至2009年实行政法经费保障体制改革这一期间的检务保障规则和方式，核心是“分灶吃饭、分级负担、分级管理”，实行由各级财政承担同级政法检察经费保障责任的运行机制，也就是A模式。

（一）保障理念

1978年《宪法》第四十三条规定：“最高人民检察院监督地方各级人民检察院和专门人民检察院的检察工作，上级人民检察院监督下级人民检察院的检察工作”“最高人民检察院对全国人民代表大会和全国人民代表大会常务委员会负责并报告工作。地方各级人民检察院对本级人民代表大会负责并报告工作。”据此，此时的检察机关上下级领导体制成为监督关系，这是当时特殊时期的产物，其

❶　吴美田、王黎华：“台湾地区检警关系研究”，载 http://www.gl.gov.cn/News/ArticleDetail.aspx?articleid=169178。

出发点是强化检察机关受同级地方权力机关的领导。其后，由于1979年《人民检察院组织法》的颁行，检察机关恢复重建，这种“监督关系”并未发生实际效果。但检察权属于地方事权的观念逐步盛行，导致我国的传统检务保障模式中“检察权是地方事权”的理念逐渐占据主流。

（二）保障主体

在此种模式下，保障主体呈现多元化。（1）中央人民政府，主要为最高人民检察院行使检察权与领导全国检察机关的工作提供检务保障；（2）地方各级人民政府，为同级检察机关提供检务保障；（3）地方各级检察院，通过争取“杂粮”弥补政府保障之不足。这主要是由我国当时的财政体制决定的。自1980年起，我国相继实行了“划分收支、分级包干”、分税制等财政体制，但无论怎样变化，地方公检法支出都由同级财政负担。

（三）保障管理

在传统检务保障模式下，保障范围存在局限，差异性较大。检务保障的宏观管理权限在当地政府；而微观管理权限在检察机关，钱怎么用，设备怎么购置，基本上由检察机关自己决定。管理细则不够严格，科学性和操作性不强。

（四）保障功效

传统的检务保障模式对检察机关恢复重建和后续发展产生了一定积极作用。在1978年以后的相当一段时间里，我国经济发展极不平衡，各地情况悬殊不一，地区辽阔，交通不便，而各级人民检察院又多不健全或尚未建立，因此暂时还只能在中央统一的政策方针下，授权于地方人民政府，使其发挥机动性和积极性。对于各地的一些具体问题，地方政权领导强，经验多，易于了解本地情况；各级人民检察院刚刚恢复重建，干部弱，经验少，尚须当地政府根据中央的方针计划，就近予以指导和协助。故此双重领导成为首选，检务保障也由同级政府承担，比较有效地促进了各地检察机关恢复重建和初步发展，检察保障状况得到不同程度改善。

二、模式缺陷

传统的“分级负担、分级管理”检务保障模式，有其难以克服的“痼疾”。

（一）对司法事权定位的偏离，导致检务保障体制严重滞后

检察权、审判权等司法权本应属于中央事权，应由中央统一负责检务保障。但长期以来，传统公共事权划分标准以财经为中心，以财税分配为切入点，司法权往往作为一种服务保障经济的工具而被分割为层级的地方所有，由此传统检务保障模式是建立在“检察权属于地方事权”的前提下的。由于地方财力发展不平衡，收入增长幅度不大，可用于支持解决政法经费的调控能力十分有限，不少地方财政是杯水车薪，心有余而力不足；有的甚至鼓励、支持、放纵司法机关“踩黄线、闯红灯”，解决经费供给不足问题，这就导致重复出现剪不断理更乱的办案为钱，为钱办案，越权办案，插手经济纠纷，执法不公、不严、不廉等问题。有的或明或暗把赃款同政法机关的经费保障挂钩，使得检务保障体制长期存在着体制性障碍、机制性困扰。

（二）对分税制模式构建运行的偏离，导致检务保障水平较低

构建分税制条件下，分级的财力运行模式逐渐形成了收入重在中央、支出重在地方的收支格局，也就是人们常说的“财权上移、事权下移”现象，各级政府事权财权配置存在明显的不匹配，形成

了经济分权和政治集权深刻矛盾。分税制改革后，中央财政收入占国内生产总值比重和占全部财政收入比重迅速提高。1993 年，中央财政占比 22%，地方财政占比 78%。1994 年实行分税制改革，当年中央财政占比迅速提高到 55.7%，地方财政占比下降到 44.3%。此后的 1995~2006 年的 12 年间，中央财政收入占国家财政总收入的比例平均为 52%，地方财政收入占国家财政总收入的比例平均为 48%。到 2008 年，中央财政所占的比重进一步提升到 53.3%，地方财政所占的比重进一步降至 46.7%。[1] 与此同时，由于事权配置重心偏低、各级政府的事权责任增大与行政能力保障不足的不对称。中央政府承担的事权尤其是直接支出责任相对不足，地方政府尤其是基层地方政府承担了过多的实际支出责任。在这种情况下，检察机关的各项保障很难到位。

（三）因人、地域因素构成的保障环境与条件的差异，导致统一行使检察权与分级保障差异的矛盾冲突增大

由于我国区域经济发展不平衡，地方经济状况差别很大，在一些经济欠发达地区，检务保障困难重重；即便是在同一地区或者经济发展水平相近的地区，检务保障的水平也靠负责人的公关能力，因人而异，相差较大，缺乏制度保障。同时，由于管理细则滞后，检务保障内部管理尚不规范，对于提升整个保障功效影响较大。

（四）分级、分散的极不平衡的保障体制及其运行机制严重影响了独立行使检察权和检察机关的形象

地方检察机关的检务保障主要依赖于地方政府，导致难以正确处理维护宪法、法律统一正确实施与保护地方利益的关系，甚至滋

---

[1] 刘晓萍："目前我国财税体制改革进展及主要问题分析"，载 http://www.syue.com/Paper/Financial/Discussion/30173.html，2010 年 6 月 25 日访问。

生部门保护、地方保护等问题。[1] 在检务保障难以全部到位情况下，很多检察院兴起了“经商热”“公司热”，让发案单位“三来一补”，乱拉赞助，尤其是为钱办案、办案为钱之风盛行，损害了法律尊严与权威，损坏了党和国家的形象。

第四节 中国现行检务保障模式

一、模式特点

中国（内地）现行检务保障模式，是指2009年政法经费保障改革后的、目前正在运行的检务保障规则和方式。现行检务保障模式的主要特点是“分类负担”，属于C模式。

（一）保障理念

政法经费保障改革并未从根本上改变“检察权是地方事权”的传统保障理念。在2009年7月中共中央办公厅、国务院办公厅下发的《关于加强政法经费保障工作的意见》中要求：“中央和省级政府在做好本级政法经费保障工作的同时，要继续通过安排财政转移支付资金，加大对困难县级政法机关的经费投入，促进基层政法机关经费保障水平明显提高。”这就充分说明，在政法经费保障改革中，依然把检察权视为地方事权，中央仅仅是通过资金的转移支付，以改善贫困地区基层政法机关的困难，并不是将政法检察经费全额纳入中央预算。

（二）保障主体

此种模式下，保障主体更加多元化。一是中央人民政府，在为最

---

[1] 徐汉明、何大春编著：《中国现代司法（检察）保障体制改革研究》，中国检察出版社2009年版，第11页。

高人民检察院提供检务保障的同时，还通过转移支付的形式负担省级以下部分地方检察机关的部分经费。二是地方各级人民政府，承担同级检察机关的人员经费、日常运行公用经费、办公基础设施建设经费和各类基础设施维修经费。三是少数地方检察院，依然通过收支挂钩、以收定支、赃款返还奖励等政策措施弥补政府保障之不足。

（三）保障管理

在现行检务保障模式下，保障范围基本上涵盖了检察机关的各种需求，对检察机关的人员经费、公用经费、业务装备经费和基础设施建设经费的保障都作出了明确的规定。检务保障管理得到了前所未有的加强，趋于精细化，中央和各级检察机关、财政部门出台了很多规范性文件，对宏观管理和微观管理都作出了界定。

（四）保障功效

现行检务保障模式较之传统保障模式有了不小的改进，检务保障水平不断提高，主要体现在：在规范分类的基础上，加大了中央和省级政法转移支付资金分配下达到基层检察机关的力度；分区域保障政策，缩小了地区间检务保障的差异；引入了因素分配法，综合考虑了财力、人员编制、机构、工作量等多种因素，使专款分配较之过去有了进步。

二、模式缺陷

（一）仍然将检察权视为地方事权，并没有从根本上解决检察机关的保障问题

《政法经费分类保障办法（试行）》仅仅是一个部门规定，在检察权仍被视为地方事权的大环境下，它没有也不可能突破现有的关于检察权事权属性界定。如该办法第三条规定：“本办法所称政法经

费是指由各级财政安排的用于设区的市、自治州、地区级（含市本级）以下政府机关的人员经费、公用经费和业务装备经费。中央和省、自治区、直辖市、计划单列市本级政法机关的各项经费按有关规定由同级财政予以保障”。可以看出，检察权依然属于地方事权，地方财政还是检务保障的主要来源，检察机关人员经费、日常公用经费、办公基础设施建设经费和各类基础设施维修经费由同级财政负担，办案业务经费、业务装备经费及业务基础设施建设经费由中央、省级和同级财政分区域按责任负担，各类经费保障均不同程度依赖和受制于地方，未能从根本上脱离传统的分级负担保障模式。

（二）检务保障无强制性执行措施

《政法经费分类保障办法（试行）》第七章“绩效考评与监督检查”中，对不能严格执行规定的，仅有三条原则性的模糊规定，并无具体的惩戒措施或责任追究措施，刚性不足，保证不力。

（三）没有从根本上解决检务保障存在的差异

根据规定，人员经费、日常运行公用经费、东部县级政法机关办案（业务）经费等主要保障项目由同级财政保障。由于东、中、西部地区经济发展、财力状况、增长速度的不平衡性，带来检察经费保障的不平衡性与差异性。经济欠发达地区和西部不发达地区，虽然得到了中央和省级转移支付资金的支持，但与发达地区相比，仍有许多差距，收支挂钩、以收定支等不符合规定的做法依然存在。

（四）对检务保障的资源配置研究不够

目前的检务保障工作中，资源配置理论基础薄弱，尤其是对资源种类配置、数量配置、时间配置和空间配置，缺乏深入的研究。如中央财政在分配转移支付资金过程中所运用的因素分配法不尽合理，没有深入考虑检察机关履行法律监督职责的特殊性，对检察机关的工作性质和资源需求量研究不够，尤其在“工作量”这一重要参考指标上预判过低，造成了对检察机关不利的局面。

第五节　检务保障国家均等化模式

检务保障国家均等化模式，也就是B模式，是指全国各级检察机关的所有保障全部纳入中央财政预算，实行国家统一保障的规则和方式。其核心特点是“中央统一负担、全额均等保障”。

一、保障理念

“检察权是中央事权”这一理念，是实行检务保障国家均等化模式的首要前提。在划分中央和地方事权时，要充分考虑事权与财权的对称性。联合国《关于司法机关独立的基本原则》第7条规定：“向司法机关提供充足的资源，以使之得以适当地履行其职责，是每一个会员国的义务。”[1] 政法检察机关的共同目标是保障宪法、法律在全国范围内统一、正确实施，检察权属于全国受益的公共服务，应由中央政府来投资、提供和管理。

二、保障主体

此种模式下，保障主体呈现单一化，唯一的主体就是中央人民政府，它为各级检察机关提供检务保障。

---

[1] 陈文兴：《司法公正与制度选择》，中国人民公安大学出版社2006年版，第193页。

三、保障管理

保障范围将实现全覆盖，人员经费、公用经费、业务装备经费和基础设施建设经费等，统一由中央财政保障。检务保障的宏观管理权限在中央政府，协管权在各级财政部门和各级检察院。管理细则更加科学严密，操作性更强。

四、保障功效

真正实行检务保障国家均等化模式后，检务保障将从根本上得到极大的改善，会更加有力地推动检察事业的科学发展。检察经费保障水平将不断提高，地区间差异将基本被消除，装备设备配备将得到极大加强，基础设施建设将取得重大进展，“收支两条线”的财政管理制度将得到全面落实，检察人员的积极性将被充分调动，检察权的行使更加顺畅，法律监督职能的发挥将更加到位，为建设中国特色社会主义所作出的贡献将更加显著。

第四章 《关于加强政法经费保障工作的意见》解读及评估

【学习目的和要求】

- 了解《关于加强政法经费保障工作的意见》出台的背景与过程
- 掌握《关于加强政法经费保障工作的意见》的主要内容与特点
- 理解《关于加强政法经费保障工作的意见》的现实意义、深远影响、体制缺陷及改革取向
- 了解《关于加强政法经费保障工作的意见》的贯彻落实情况

2009年7月，中共中央办公厅、国务院办公厅印发了《关于加强政法经费保障工作的意见》(以下简称《意见》)。《意见》明确了加强政法经费保障工作的指导思想、目标任务和工作要求，确立了“明确责任、分类负担、收支脱钩、全额保障”的政法经费保障体制。《意见》的出台是我国改革开放以来在政法检察经费保障体制及其保障方面最大一次调整，标志着政法检察经费保障体制改革进入新的历史阶段，将为加强和改进政法检察经费保障工作发挥重要作用。本章重点介绍《意见》的出台背景、过程、主要内容及特

点，分析《意见》的现实意义、深远影响、体制缺陷和改革取向，便于全面理解并客观评估《意见》在加强和改进政法经费保障工作中的地位与作用，增强贯彻落实《意见》工作的针对性和实效性。为深化政法检察保障体制改革，全面构建公共财政均等化的现代政法检察保障体制奠定基础。

第一节 《意见》的出台背景和过程

一、《意见》出台的背景

我国1983年开始实行的“分灶吃饭”财政管理体制，与1994年实行的“分税制”，都是按照“分级负担，分级管理”的原则确定的。[1] 在这些体制下，政法检察机关的经费保障主要由同级财政负担。伴随我国经济社会的快速发展，人民内部矛盾凸显，刑事案件高发，对敌斗争复杂，政法检察机关业务工作量大幅攀升。以检察机关为例，据调查统计：2003～2007年，全国检察机关共受理举报职务犯罪线索314 743件，立案179 695件，其中大案93 201件，要案13 929人，大案、要案分别比1993～1997年上升24.4%、68.6%，分别比1998～2002年上升16.7%、8.6%。全国检察机关受理提请批捕刑事犯罪案件3 057 723件、受理移送起诉刑事犯罪案件3 540 278件，分别比1993～1997年上升59.2%、85.1%，分别比1998～2002年上升16.1%、27.5%。全国检察机关受理不服民事、行政裁判、申诉案343 834件，提出民事行政抗诉63 662件，分

[1] 徐汉明、何大春：《中国现代司法（检察）保障体制改革研究》，中国检察出版社，第6～7页。

别比 1993~1997 年上升 289%、400%。[1] 政法检察业务工作的快速发展，对经费保障需求大幅增长。同时，在“分灶吃饭、分级负担、分级管理”政法经费保障体制下，受区域条件等多方面因素的影响，我国东、中、西部地区的经济发展、财力状况、增长速度呈现较大的差异性，政法经费保障不平衡问题突出。如表 4-1[2] 所示。

经济欠发达地区和西部不发达地区，许多是“吃饭财政”，只能保人员经费、保基本运转，无力提供发展的保障。不少地方为保障政法检察经费不得不采取变通的办法，即实行“收支挂钩、以收定支、赃款返还”等政策措施。尽管中央三令五申强调收支两条线，一些地方仍然我行我素，形成收支两条线财政管理上政令不通的局面。地方财力不足，收支不能真正脱钩，司法活动中地方保护主义盛行，滋生政法机关办案为钱、为钱办案，执法办案不公、不严、不廉等问题，降低执法公信力，影响司法公正，危害国家宪法、法律的正确统一实施。推动政法检察经费保障体制改革，解决好政法检察机关吃“皇粮”问题，备受社会各界关注，引起党和国家的高度重视。

二、全面调查研究

2007 年 10 月，党的十七大从发展社会主义民主、全面落实依法治国的基本方略、加快建设社会主义法治国家的高度出发，作出了“深化司法体制改革”[3] 的重大决策。在年底召开的全国政法工作会议上，胡锦涛总书记对深化司法体制改革进一步提出了明确要求。

---

[1] 徐汉明、何大春：《中国现代司法（检察）保障体制改革研究》，中国检察出版社 2009 年版，第 4 页。

[2] 同上书，第 32 页所附全国检察机关 2003~2006 年经费收入明细表（表九）。

[3] 胡锦涛：《高举中国特色社会主义伟大旗帜，为夺取全面建设小康社会新胜利而奋斗》，人民出版社 2007 年版，第 31 页。

随后，周永康同志深入中央政法各部门和一些地方调研，专题听取各方面的意见和建议，并就司法保障体制改革等几个重要问题专门向胡锦涛总书记作了汇报。胡锦涛总书记指示，要抓紧组织调研论证，提出方案报中央决策。为此，中央政法委研究决定成立专题调研小组，召开深化司法体制改革调研工作座谈会，制定了《关于司法体制几项重要改革的安排意见》，围绕优化司法职权配置、完善宽严相济的刑事政策、加强政法队伍建设、改革和完善司法保障体制四个突出问题，部署开展改革调研论证工作。

改革和完善司法保障体制问题专项小组由财政部、发改委、人事部、中编办、中央政法委、最高人民法院、最高人民检察院、公安部、国家安全部、司法部10个部门组成，财政部副部长廖晓军任组长，其他部门分别确定一名部级领导为成员。由此，财政部和国家发改委在全国范围内分省区、分部门、分层次地开展了政法经费保障体制改革专项调研，并要求各相关部门先期联系各自实际开展调研工作。2008年2月，最高人民检察院根据中政委《关于认真落实永康同志指示精神，尽快启动司法体制改革调研工作的方案》，制定了《深化司法体制改革调研工作方案》，明确由胡克惠副检察长直接领导检察保障体制改革调研工作，由计划财务装备局组成专题调研组，分两个研究小组进行。第一小组，重点研究探索建立国家统一保障检察机关经费的体制，制定并完善不同地区检察机关经费保障的具体标准，建立与经济社会发展相适应的检察经费正常增长机制等事项；第二小组，重点研究检察机关装备配备标准等事项。同时，委托湖北省人民检察院徐汉明常务副检察长、内蒙古自治区人民检察院李茂林副检察长、吉林省人民检察院张海胜副检察长、安徽省人民检察院鲍国友副检察长分别组织力量，同步开展专题调研。

2008年3月，湖北省人民检察院成立了以常务副检察长、检察业务专家徐汉明为组长的深化司法（检察）保障体制改革专题调研组，抽调20名业务骨干，分三个小组，分别围绕人员经费保障、公用经费保障、装备配备、基础设施建设四个专题开展调研。为提高专题调研工作的质量与效率，调研组细化了四个方面的调研任务。

（一）调研内容

主要针对2003~2006年全国检察机关人员经费、公用经费、装备配备及基础设施建设保障情况展开。具体包括：

（1）现行司法保障体制下检察机关人员经费保障、公用经费保障、装备保障、基础设施建设的基本情况、存在的问题及原因、危害表现。

（2）检察业务工作快速发展对检察机关人员经费、公用经费、装备配备和基础设施建设的保障需求。

（3）与国家公共财政均等化统一保障的现代公共财政管理要求相适应的检察机关人员经费、公用经费、装备配备、基础设施建设保障标准体系构想。

（4）建立国家统一司法保障体制的可行性。

（5）司法保障体制改革相关配套制度建设。

（6）社会各界对司法保障体制改革的认知情况。

（二）调研对象

这次调研对象确定为全国检察机关（不含高检院），湖北省内的国税、海关、质监、工商、地税、公安、法院、司法等部门，省、市、县人大代表，政协委员，专家学者，群众代表。

（三）数据来源

主要来源于最高人民检察院、地方各级人民检察院、中央垂管单位，并参阅《中国统计年鉴》《中国财政年鉴》《中国年鉴》《湖北统计年鉴》《湖北财政年鉴》等统计资料、相关调研报告。对湖北省内的相关数据，课题组组织了专班人员负责采集、汇总和核对。

（四）调研方法

主要运用历史分析法、比较分析法、归纳法、抽样统计法等，全面客观分析我国司法（检察）保障的体制性障碍、机制性困扰。至2008年3月底，调研组形成了《检察保障体制改革调研报告》，提出了改革检察保障体制的总体目标、基本原则、方案选择和实行国家统一保障体制的基本制度设想。

湖北省人民检察院调研组研究提出建立

国家统一保障体制的基本内容※

所谓国家统一保障政法检察经费的体制，是指建立国家宪法、法律统一正确实施所要求的，与经济社会发展相适应，与国家财力增长相协调，不受东、中、西部地区经济社会发展与财力增长状况制约，为履行政法检察职能所需，由中央（或中央与省共同负担）提供人员、公用、装备及设施建设经费统一保障与管理及其正常增长机制的总称。内容包括：建立与公务员法相衔接、体现检察官法、法官法等规范管理要求的人员工资、津补贴、待遇保障标准体系；建立政法检察公用经费保障标准体系；建立统一的检察装备配备标准体系；建立检察教育培训设施标准体系；建立与经济社会发展相适应的正常经费增长机制；建立"收支两条线"真正的财政管理体制。

※ 徐汉明、何大春：《中国现代司法（检察）保障体制改革研究》，中国检察出版社，第19~22页。

2008年4月，最高人民检察院专题听取了四个受委托的省级人民检察院的有关专题调研情况的汇报，并广泛征求各级人民检察院的意见和建议，在吸收财政、工商、质监、国税等部门和部分专家学者意见和建议的基础上，就改革检察保障体制的必要性、可行性和改革方案选择，作了较为深入的调查与研究，向中政委报送了《检察保障体制改革综合研究报告》。此后，财政部和国家发改委通过多种形式加强与中央和地方各级政法部门沟通，对全国政法机关经费保障需求基础数据进行统计汇总和对接分析，先后多次开会研究修订，形成《意见》（送审稿）。2009年7月23日，《意见》经党中央、国务院领导同志同意，中央办公厅、国务院办公厅印发执行。7月24日，财政部结合财政管理要求和政法部门的实际情况，制定了《政法经费分类保障办法（试行）》（以下简称《办法》），与《意见》配套施行。至此，中央有关部门历时一年半的改革和完善司法保障体制专题调研论证工作告一段落。

第二节 《意见》的主要内容和说明

《意见》由加强政法经费保障工作的重要意义、改革和完善政法经费保障体制、强化政法经费保障三个部分构成，基本上是对《中央政法委员会关于深化司法体制和工作机制改革若干问题的意见》（中发［2008］19号）有关“加强政法经费保障”要求的细化。其内容主要体现在以下七个方面：

（一）分析了政法经费保障工作的形势任务

为深化各级党委、政府对政法经费保障工作的认识，《意见》

第一部分，从政法经费保障的地位与作用、近年来政法经费保障的成绩与缺陷以及中央对加强政法经费保障工作的部署要求等方面，全面客观分析了政法经费保障工作形势任务，阐述加强政法经费保障工作的重大意义，增强各级党委、政府贯彻落实中央有关加强政法经费保障工作要求的责任感与紧迫感。

（二）明确了各级党委、政府的政法经费保障责任

《意见》把明确各级党委、政府的政法经费保障责任作为完善政法经费保障体制的首要任务。《意见》规定：

中央与省级政府的政法经费保障责任主要是：

（1）做好本级政法经费保障工作。

（2）安排针对县级政法机关的财政转移支付资金。

（3）根据不同地区和政法机关的特点，建立政法经费分类保障机制。

市（地）、县级政府的政法经费保障责任主要是：

（1）预算安排本级经常性政法支出。

（2）市（地）级政府还须按现行财政体制规定，安排对县级政府的政法转移支付。同时，为防止转移支付增加后，有的地方以“总投入不减少”而削减本级预算。

《意见》强制性规定：“本级财政经常性政法支出预算不得低于改革前水平，并应视实际需要和财力可能予以增加，并不得以中央和省级政府安排的经费抵顶本级政府应安排的支出。”

（三）规定了政法经费的分类保障政策

即对政法经费实行“分项目、分区域、分部门”分类保障政策。

1. 分项目保障

将政法经费划分为人员经费、公用经费、业务装备经费和基础

设施建设经费四大类。其中，公用经费划分为日常运行公用经费和办案（业务）经费两部分，基础设施建设经费划分为办公基础设施建设经费和业务基础设施建设经费两部分。人员经费和日常运行公用经费由同级财政负担。办案（业务）经费和业务装备经费由中央、省级和同级财政分区域按责任负担。办公基础设施建设经费和各类基础设施维修经费由同级政府负担。业务基础设施建设经费由中央、省级和同级政府分区域按责任负担。

2. 分区域保障

根据财力状况、政法干警人数、政法业务工作量、政法经费实际支出水平和经费管理使用情况等各项指标综合评价，划分中西部地区和东部地区两类区域，区别保障。《意见》规定："中西部地区政法机关的办案（业务）经费、业务装备经费及业务基础设施建设经费，由中央、省级和同级政府按照规定分别承担；东部地区政法机关的办案（业务）经费和业务装备经费，原则上由同级政府承担，省级政府应对行政区域内相对困难的基层政法机关经费予以支持，中央政府对东部地区予以奖励性补助。"为缩小区域保障差异，《意见》进一步明确，对中西部地区县级、维稳任务重的地区及经济困难地区市（地）级政法机关，中央和省级政府通过增加转移支付资金和投资补助，承担比例平均达到50%以下，最高可达90%以上。

3. 分部门保障

要求根据各政法机关工作职责、业务特点、工作量差异和本系统业务发展指导规划，确定中央、省级和同级政府对不同政法机关的办案（业务）经费、业务装备经费和业务基础设施建设经费的保障范围和责任。如表4－2所示。

表 4－2　政法经费项目保障责任分配

<table>
<tr><th rowspan="2">经费项目</th><th rowspan="2">人员经费</th><th colspan="2">公用经费</th><th rowspan="2">业　务
装备经费</th><th colspan="2">基础设施建设经费</th></tr>
<tr><th>日常运行</th><th>办案（业务）</th><th>业务</th><th>办公</th></tr>
<tr><td>负担责任</td><td colspan="2">同级政府</td><td colspan="3">中央、省级和同级政府</td><td>同级政府</td></tr>
</table>

（四）提出了制定和完善政法机关业务装备配备与基础设施建设标准的基本原则、目标任务和相关要求

科学的业务装备配备与基础设施建设标准是确定业务装备和基础设施建设经费需求的前提条件。为此，《意见》在明确分类保障政策后，就制定和完善业务装备配备与基础设施建设标准提出了具体要求。

1. 确定了四项原则

即分类指导、分步实施、资源共享、确保基本需要，并明确提出各级各部门基础设施和业务装备要实施共建、共享、共用，提高其综合利用率。

2. 明确了目标任务

即建立起符合我国国情的、规范的、分部门、分类别的政法机关业务装备和基础设施建设标准体系。《意见》规定："业务装备配备指导标准由中央财政会同中央政法机关制定，业务装备配备实施标准由省级财政会同省级政法机关制定，基础设施建设标准由国家发改委、住房城乡建设部会同中央政法机关制定。"

3. 提出了相关要求

在制定依据方面，明确制定指导标准的主要根据是各政法机关的工作特点、业务需要和财力可能，制定实施标准则是根据指导标准并结合本地实施；在标准落实方面，要求省级财政会同省级政法机关按照业务装备配备实施标准，根据中央和省级转移支付资金的规模和政法业务工作重点，制定本地区政法机关业务装备配备规划和年度实施计划。《意

见》同时强调，各级财政要将其所需经费纳入年度预算予以全额保障；各政法机关要严格执行年度预算，保证专款专用。

（五）明确建立政法机关公用经费正常增长机制

正常增长机制缺失，一直是影响政法经费保障工作的机制性困扰，为此，《意见》将建立政法机关公用经费正常增长机制纳入了视野，明确了机制运行的相关要求，增强可操作性。

1. 明确了调整对象

主要针对县级政法机关的公用经费保障，包括日常运行公用经费和办案（业务）经费。

2. 明确了责任主体

《意见》规定，由省级财政部门会同省级政法机关制定、完善和调整本地区县级公用经费保障标准。

3. 明确了调整依据

《意见》规定，日常运行公用经费标准综合考虑本地区经济社会发展和财力状况、当地党政机关的支出水平和政法机关的工作特点进行调整，办案（业务）经费标准则随办案（业务）量和办案（业务）成本的变动适时进行调整。

4. 明确了调整后的保障责任

《意见》规定："日常运行公用经费标准调整如需增加经费，由同级财政负担；办案（业务）经费标准调整所需经费按照各级财政分类保障的规定予以解决。"《意见》还要求将政法公用经费足额列入各级财政预算，不得截留。

（六）对各级党委、政府贯彻落实有关收支两条线作出的要求规定

1998 年，中央作出了政法机关不再从事经商活动和实行收支两

条线的决定，杜绝政法机关吃“杂粮”[1]，但在收支两条线规定的贯彻落实过程中，一直困难重重。为此，《意见》提出了较为具体的改进措施。

1. 针对有些地方存在的以收定支、入库不及时等问题

《意见》一方面强调，各地区各部门不得向政法机关下达或变相下达罚没收入指标，不得将政法机关的经费支出与其行政性收费和罚没收入挂钩；另一方面要求，各级政法机关的行政性收费和罚没收入应按预算级次全部上缴国库。

2. 针对有些地方存在的应收未收、应罚未罚等问题

《意见》规定：“各级政法机关应建立内控机制，制定切实可行的制约措施和监督考核办法，防止因收支脱钩产生执法不严，造成行政性收费和罚没收入的非正常减少。”

3. 针对有的执收执罚人员滥收滥罚问题

《意见》提出，要通过制定和完善有关行政性收费和罚没收入的法律、规章，规范执收执罚人员在收费、罚没过程中的自由裁量权，既防止滥收滥罚，也避免少收少罚。

（七）强调坚持党委政府领导、部门密切配合，强化政法经费管理

加强经费管理是经费保障工作的重要内容。为提高政法经费管理水平和资金的使用效益，《意见》突出经费流转控制，对相关职能部门进一步明确了管理要求。

1. 加强政法经费的筹措与分配

《意见》提出：“各级财政部门和发展改革部门要建立健全适应

[1] 王鸿义、李满旺、王焱、陈文兴：“关于建立检察经费保障机制的探讨”，《检察论丛》第2卷，第60页。

政法经费保障体制改革需要的专门管理制度，会同政法部门制定和完善各类保障标准等规范性保障政策，保证政法经费所需资金的及时筹措和规范分配。”为规范中央、省级转移支付资金分配，《办法》第19条、第20条补充规定，省级财政从中央和省级政法转移支付资金中安排给经济困难的市级政法机关的补助总额不得超过转移支付总额的20%，并可在转移支付总额5%范围内预留一定数额的预备费，补助省内政法机关装备共建、跨区域重特大案件、市县级政法机关不可预见的突发事件或其他特殊原因所需经费，但不得分配给省本级政法机关使用。

2. 规范政法经费的使用

《意见》提出，各级政法机关要严格执行经费开支范围与标准，加强内部财务管理，建立符合政法经费管理特点的财务核算体系，建立基层政法经费保障基础数据库，完善对基层政法机关的绩效考评办法，保证经费向基层倾斜，实现资金使用效益的最大化。

3. 加强对政法经费的监管

《意见》提出，各级财政和发展改革部门要建立经费分配与经费使用效益和管理水平相联系的激励约束机制，奖优罚劣。

4. 节约司法成本，控制政法经费的一般性支出

《意见》提出，要加强人员编制的控制，严格限制并逐步清退编外人员，禁止标准外配置装备，确保办案（业务）和基层一线经费需要。

5. 巩固政法经费管理基础

《意见》提出，要抓紧健全政法经费管理机构，充实财务管理人员，加强业务培训，建立高素质的专业队伍。

第三节 《意见》的特点和评估

总体上看，《意见》呈现以下四个特点：（1）在体制上，建立“明确责任、分类负担、收支脱钩、全额保障”的新体制，不是单纯的增加资金投入，而是通过创新体制机制和管理制度，使各级政府的政法经费保障责任更加明确，负担更加均衡合理。（2）在政策上，建立分项目、分区域、分部门的政法经费分类保障政策，重点提高中西部地区县级、维稳任务重的地区及经济困难地区市（地）级政法机关的经费保障水平，重点保障办案（业务）经费、业务装备经费和业务基础设施建设经费；财政资金的分配充分体现不同政法机关在工作职责、业务特点、工作量等方面的差异，保证各政法机关履行职责的实际需要。（3）在投入上，除各级政府都要按照规定的政法经费保障责任，加大对政法机关的经费投入外，中央和省级财政将大幅度增加政法转移支付。（4）在管理上，注重建立健全适应改革需要的资金使用管理制度和监督制度，规范、完善、制定公用经费保障标准、业务装备配备标准和业务基础设施建设标准，同时健全政法机关计财装备机构，充实管理人员，提高管理水平。❶

《意见》的出台，标志着政法经费保障工作取得了阶段性成果。但是并非意味着当前政法经费保障工作中面临的所有困难与问题就迎刃而解了。学习领会《意见》精神，理解其改善政法经费保障工作的推动力与影响力，需要进行全面客观分析与估价。下面，从《意见》的现实意义、深远影响、体制缺陷、改革取向等方面作简要分析。

---

❶ 曹建明：“在全国检察机关经费保障工作会议上的讲话”，2010年2月，秘密。

一、现实意义

（一）拓展了政法经费的保障渠道

《意见》规定，政法经费中的办案（业务）经费、业务装备经费、业务基础设施建设经费等项目，实行中央、省级和同级财政分区域按责任负担，使其保障由原来同级财政单一供给，转变为中央、省级和同级三级财政按责任供给，为从整体上提高政法经费保障水平提供了基础。

（二）加大了中央和省级政法业务经费转移支付力度

《意见》规定，“中央和省级政府在做好本级政法经费保障工作的同时，要继续通过安排财政转移支付资金，加大对经济困难县级政法机关的经费投入，促进基层政法机关经费保障水平明显提高”，《办法》第17条进一步明确，“省级财政应当按照不低于中央财政规定的数额安排省级政法转移支付资金”，保证了中央、省级政法经费转移支付力度。据调查，《意见》实施后，中央和省级政法经费转移支付资金明显增长。如表4－3所示。

表4－3 全国检察机关中央和省级财政转移支付资金增长情况

年度	中央专款		省级专款	
	总额（万元）	增长率（%）	总额（万元）	增长率（%）
2009年	345 400	118.43	228 461.44	316.24
2010年	415 400	20.27	263 062.37	15.15

资料来源：最高人民检察院《关于检察经费保障工作专题调研综合调研报告》。

（三）强化了政法业务经费的均衡保障

《意见》不仅将政法机关业务工作的经费保障项目（如办案经费、业务装备经费、业务基础设施建设经费等）确定为中央、省级和同级政府按责任承担，而且规定，“对中西部地区县级、维稳任务重的地区及经济困难地区市（地）级政法机关，中央和省级政府通过增加转移支付资金和投资补助，承担比例平均达到50%以上，最高可达90%以上”，使中央财政转移支付资金和投资补助向中西部经济欠发达地区，尤其是执法办案任务重的基层政法机关倾斜，缓解其政法业务工作的经费保障压力。以2009年为例，中央财政对检察系统的转移支付总额中，办案（业务）经费占47.33%，东、中、西部比较，分配给基层检察院的平均占有额分别为2.66亿元、6.19亿元和6.96亿元，一定程度上缩小了执法办案经费保障的差距。如表4-4所示。

表4-4　2008~2010年全国检察机关中央转移支付资金分配情况明细

项目＼年度	2008年		2009年			2010年		
	金额（万元）	占总金额（%）	金额（万元）	占总金额（%）	比上年同期增加（%）	金额（万元）	占总金额（%）	比上年同期增加（%）
办案补助费	52 131.56	34.25	158 084.28	47.33	203.24	157 325.52	44.95	-0.48
装备配备费	100 092.49	65.75	175 887.05	52.67	75.72	192 684.06	55.05	9.55
合计	152 224.05	—	333 971.33	—	—	350 009.58	—	—

资料来源：根据最高人民检察院计财局财务决算报表整理。

二、深远影响

（一）有利于增强各级党委、政府对政法检察经费保障工作的重视与支持

《意见》指出，“加强政法经费保障，对于确保政法机关有效履行职责，维护人民群众合法权益，促进社会公平正义，保障社会主义市场经济体制顺利运行，为中国特色社会主义事业提供坚强可靠的司法保障和和谐稳定的社会环境，具有十分重要的意义”，要求

"各级党委和政府一定要从深入贯彻落实科学发展观，全面落实依法治国、建设社会主义法治国家、建设公正高效权威的社会主义司法制度的高度""充分认识加强政法经费保障工作的重要性和必要性""把中央的要求落到实处"。《意见》还分别明确了中央、省级、市(地)、县级政府的政法经费保障责任，规定市（地)、县级政府"不得以中央和省级政府安排的经费抵顶本级政府应安排的支出"。从而，使各级党委、政府更加深刻领会加强政法经费保障工作的重大意义，认清肩负的责任，更加自觉地关注并支持《意见》的贯彻落实工作。

(二) 有利于促进政法保障资源的优化配置

《意见》把"制定和完善业务装备配备与基础设施建设标准"作为改革和完善政法经费保障体制的重要内容，提出"要按照分类指导、分步实施、资源共享、确保基本需要的原则，逐步建立起符合我国国情的、规范的、分部门、分类别的政法机关业务装备配备和基础设施建设标准体系"，并要求"进一步推进政法机关各级、各部门间基础设施和业务装备的共建、共享、共用"，符合政法业务装备配备和基础设施建设规范化建设要求，为实现政法保障资源优化配置创造了条件。

(三) 有利于公用经费保障常态化增长

《意见》提出，"要根据政法工作实际需要和财力状况，适时调整县级政法机关公用经费保障标准"，并规定，"日常运行公用经费标准要综合考虑本地区经济社会发展和财务状况、当地党政机关的支出水平和政法机关的工作特点进行调整；办案（业务）经费标准要随着办案（业务）量和办案（业务）成本的变动适时进行调整"。从而，有利于使政法机关公用经费保障纳入本地区经济社会发展规划，建立正常的经费保障增长机制。

（四）有利于强化政法经费管理

为提高政法经费管理水平和资金的使用效益，《意见》明确了较为具体的工作措施，如“建立健全适应政法经费保障体制改革需要的专门管理制度”“建立符合政法经费管理特点的财务核算体系”“建立基层政法经费保障基础数据库”“建立经费分配与经费使用效益和管理水平相联系的激励约束机制”“加强对人员编制的控制”“健全政法经费管理机构”“充实财务管理人员”等。以此形成党委、政府领导，各级财政、发展改革和政法机关分工负责、密切配合的管理工作格局，保证政法经费按规定使用、高效益使用。

三、相关缺陷

《意见》无论是从所确定的政法经费分类保障政策内容分析，还是从实践成效看，与政法机关维护国家法律正确统一实施的保障需求相比，仍存在一定的缺陷。

（一）政法经费保障“地方化”的“病根”尚未彻底根除

依《意见》规定，检察机关人员经费、日常公用经费、办公基础设施建设经费和各类基础设施维修经费由同级财政负担，办案业务经费、业务装备经费及业务基础设施建设经费由中央、省级和同级财政分区域按责任负担，这就使得政法检察各类经费保障均不同程度依赖和受制于地方，滞后的保障模式仍未能从根本上摆脱传统分级负担的保障模式，即办案为钱，为钱办案，利益驱动，执法不公、不严、不廉的病根尚未铲除。这表现在由于地方经济发展差异性较大，有的地方财力难以足额保障政法经费需求，不得不“踩黄线”“闯红灯”，采用赃款返还弥补差额的违规违禁政策措施，客观上仍然放纵违法违规办案现象的滋生。据统计，2006 ~ 2010 年，全国检察机关赃款返还 126.81 亿元，占总收入的 9.21% 。如表 4 – 5 所示。

表 4 – 5 全国检察机关 2006 ~ 2010 年赃款返还情况

年 度	经费总收入（万元）	其 中			
		赃款返还（万元）	赃款返还年增长（%）	赃款返还占上缴财政（%）	赃款返还占总收入（%）
2006 年	1 788 053.70	235 335.56	—	67.45	13.16
2007 年	2 435 618.14	283 206.84	20.34	7.72	11.63
2008 年	2 774 593.54	248 838.15	–12.14	51.49	8.97
2009 年	3 150 939.92	265 922.80	6.87	50.08	8.44
2010 年	3 623 614.30	234 780.56	–11.71	41.17	6.48
合计	13 772 819.60	1 268 083.91	–0.05	22.64	9.21

资料来源：根据最高人民检察院计财局财务决算报表整理。

（二）应突出人员经费保障在政法经费保障中的重点地位与作用

根据《意见》规定，中央和省级财政转移支付重点在于弥补政法业务经费不足，人员经费仍由同级财政负担，鼓励到基层、到艰苦边远地区工作的激励机制尚未建立。政法干警的工资津补贴待遇仍然是当地经济发展的“晴雨表”，“城乡”差别不断扩大，基层干警收入普遍较低，贫困地区的干警收入更是捉襟见肘，干警工作积极性不高。加之各系统内部以良好的物质待遇为条件吸引人才流动，一些基层办案骨干、优秀人才纷纷跳槽，流入经济发达的大中城市和地区，形成恶性竞争，基层政法队伍不稳，“人难进”“心不平”“留不住”现象日趋严重，人才资源分布失衡，直接影响检察事业的科学发展。如图 4 – 6 所示。

（三）机制建设不够健全

主要表现在：《意见》提出“建立公用经费正常的增长机制”

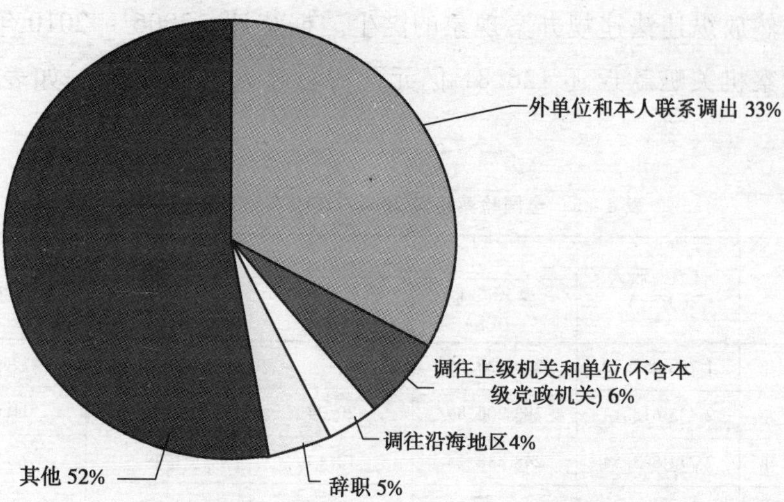

图 4-6　2006~2010 年湖北省检察机关调出人员、辞职人员分析

范围较窄，没有明确将其增幅与国家财力增幅有机统一起来。如表 4-6 所示。

表 4-6　2006~2010 年全国财政收入增幅与全国检察机关经费收入增幅对比

地　区	财政收入（亿元）	年均增长率（%）	检察收入（万元）	年均增长率（%）	年均增幅差距在 5% 以上的地区个数
北京市	19 348.95	26.08	360 557.98	10.07	1
上海市	26 154.63	18.84	462 595.00	13.18	1
广东省	35 820.15	22.42	1 124 228.96	12.70	1
福建省	8 977.27	24.50	394 779.02	17.60	1
江苏省	28 679.31	27.46	927 072.09	18.59	1
浙江省	21 127.41	22.00	626 683.13	16.67	1
山东省	21 593.18	22.24	846 111.08	21.56	—
天津市	7 068.77	26.76	201 650.90	22.02	—
辽宁省	14 095.23	26.25	547 586.58	21.85	—
东部小计	182 864.90	24.06	5 491 264.74	17.14	6
黑龙江省	3 931.26	17.15	426 833.81	21.12	—

续表

地 区	财政收入（亿元）	年均增长率（%）	检察收入（万元）	年均增长率（%）	年均增幅差距在5%以上的地区个数
吉林省	4 379.48	27.00	434 035.36	26.67	—
海南省	1 549.86	28.42	141 842.74	24.99	—
河北省	10 203.13	22.53	653 852.73	22.53	—
山西省	8 450.66	28.66	390 004.41	18.89	1
河南省	11 138.12	23.43	847 687.50	22.24	—
安徽省	7 442.49	29.48	401 089.57	25.01	—
湖北省	6 649.00	19.40	577 639.15	19.67	—
江西省	5 224.94	24.58	371 530.50	18.07	1
湖南省	7 922.26	22.33	578 437.63	15.09	1
中部小计	66 891.20	21.30	4 822 953.41	21.43	3
内蒙古自治区	6 433.83	22.17	333 845.85	31.84	—
陕西省	6 186.17	29.07	332 136.22	21.50	1
宁夏回族自治区	1 023.22	25.91	100 332.71	36.75	—
云南省	6 409.22	25.26	441 377.52	19.89	1
贵州省	3 721.55	24.00	276 115.12	23.19	—
四川省	10 818.38	29.71	636 963.08	22.23	1
重庆市	5 791.36	31.17	235 372.32	24.02	1
甘肃省	2 584.48	29.44	216 629.67	26.34	—
广西壮族自治区	5 539.63	22.36	357 921.40	24.24	—
西藏自治区	257.89	27.63	104 220.71	30.72	—
新疆维吾尔自治区	3 750.06	26.09	272 093.89	26.83	—
青海省	738.10	28.45	113 372.47	29.24	—
新疆生产建设兵团	—	—	38 220.49	25.73	—
西部小计	53 253.90	26.77	3 458 601.46	26.35	4
总 计	303 010.00	24.22	13 772 819.60	19.67	13

资料来源：根据最高人民检察院计财局财务决算报表整理。

四、改革取向

（一）遵循事权财权相统一原则，实现政法经费由中央财政统一保障

事权和财权相统一，即各级政府有什么样的职权，什么样的办事权，应要有相应的财权。这是世界各国确定财政支出范围的通行原则。政法工作的受益对象是全国民众，因此属于全国性公共产品，其经费保障体制也应遵从事权财权相统一原则，实现由中央财政全部负担。

（二）遵循资源优化配置原则，建立政法保障资源配置标准体系

政法经费保障的体制与机制是针对政法机关的人员经费、公用经费、装备经费和基础设施建设经费等各类政法经费资源，按照服务和保障政法工作顺利进行的总体要求，依据经费保障工作的运行规律，予以优化配置的制度安排。深化政法经费保障体制改革，应立足于完善工作体制与机制，对各类保障资源要素进行有机组合，最大限度减少资源浪费，提高资源的使用效率，实现经费保障的经济效果、法律效果和社会效果的最大化。

（三）遵循不断增长原则，建立与经济社会发展相适应的正常经费增长机制

依据“瓦格纳定理”，随着国家职能的扩增，所需经费开支也相应上升。[1] 随着经济和科学技术的快速发展，政法机关执法工作量不断增加，办案难度也越来越大，所需经费开支也需不断增加，而且，其增长幅度应与经济社会发展相适应。只有这样，才能保证政

[1] 王鸿义、李满旺、王焱、陈文兴：“关于建立检察经费保障机制的探讨”，《检察论丛》第2卷，第71页。

法机关的职能得以充分发挥。

（四）遵循顺应财政体制改革原则，提高政法经费保障管理水平

财政体制改革的重点是财政支出管理体制改革。其目标是，调整和优化财政支出结构，逐步建立公共财政基本框架。主要内容包括：调整政府公共支出范围，优化支出结构；改革预算编制方法，强化预算约束力；加强公共支出管理，推进政府采购制度。政法经费支出属国家财政支出的一部分，是局部。推行财政体制改革对政法机关预算编制和财务管理工作提出了新的更高要求。改善政法经费保障情况，必须顺应财政体制改革的总体趋势，局部服从大局。

第四节 《意见》的贯彻落实

一、基本情况

《意见》印发后，财政部及时收集整理相关数据，计算分配中央补助及其负担数额，并召开全国财政司法体制改革工作会议，在全国范围内布置和实施政法经费保障体制改革，全面启动改革措施的落实工作。为推动检察机关贯彻落实《意见》工作，最高人民检察院制定实施了四个标准，即修订了《人民检察院办案用房和专业技术用房建设标准》，编制了《国家检察官学院分院建设标准》，制定了《服装技术标准》，会同财政部制定下发了《县级人民检察院基本业务装备配备指导标准（试行）》。2010 年 2 月，召开全国检察经费保障工作电视电话会议，学习《意见》精神，部署推进检察机关经费保障体制改革工作。2010 年全国“两会”结束后，最高人民检察院计财局又根据《检察经费保障工作专题调研方案》，在全国检察机关开展了为期一个半月的检察经费保障工作专题调研，并组

织工作组赴17个省区市进行实地调研，全面了解和掌握《意见》的贯彻落实情况。从检察机关贯彻落实《意见》的情况看，进展比较顺利。主要体现在以下方面。

（一）高度重视学习和贯彻全国检察经费保障工作会议精神

各省级人民检察院党组对全国检察经费保障工作会议十分重视，均召开了专题党组会议，听取了会议有关情况的汇报，深入学习领会会议精神，研究贯彻落实意见。市、县级人民检察院普遍采取召开党组会、院务会等形式，原原本本地学习曹建明检察长、张常韧副检察长的重要讲话，安排部署具体落实措施。各地结合年度工作和本地实际，通过“以会代训”的方式，组织有关部门和人员对会议精神和《意见》进行了再学习、再讨论，使最高人民检察院党组的部署和要求贯彻到了基层人民检察院。

（二）积极争取党委、政府和有关部门支持

各省级人民检察院及时将全国检察经费保障工作会议精神报告省委、省政府和省政法委，争取党委、政府领导的关心支持，共同研究有关贯彻落实意见。同时，专门给省财政厅、省发改委报送了贯彻落实全国检察经费保障工作会议精神情况，以及修改完善县级检察机关公用保障经费标准等工作的意见和建议。

（三）认真落实最高人民检察院工作部署

各省级人民检察院组成工作组，深入基层人民检察院尤其是贫困地区检察机关，组织开展专题调研，全面收集第一手资料，认真核查经费数据，对学习贯彻《意见》和最高人民检察院经费保障工作会议精神进行了督导检查。

二、问题及原因

主要表现在以下方面。

（一）一些地方对经费保障体制改革政策学习理解不到位，政法经费保障体制改革政策措施推进缓慢

虽然《意见》下发后全国检察经费保障工作会议直接开至了基层，但仍有部分检察长对这项改革的学习理解不够到位，影响了推进工作的力度和效果，一些地方本级投入不到位，中央和省级专款被截留、抵顶。一方面，检察机关自身主动宣传政策、积极争取支持不够；另一方面，根据改革的要求，各省级人民检察院要会同省级财政部门重新制定（完善）市县级人民检察院公用经费保障标准，制定对市县人民检察院的绩效考评办法，但多数省份这方面的工作还没有取得实质性进展。

（二）中央和省级财政转移支付资金在分配使用中存在诸多问题，使用效益不高

如两级转移支付资金总体规模小，所占比例低；两级转移支付没有足额落实到位，有的市县级财政对检察机关投入减少；中央补助专款的结构比例不适应检察工作的实际需要，目前，中央补助专款中的办案专款和装备专款比例从全国看基本上是装备费大于办案费，少数省是办案费高于装备费，这个比例缺乏灵活性；地方财政不严格落实政策，中央补助专款的效益不高。同时，部分地方财政在理解《意见》过程中有曲解，认为“总投入不减少”仅指人员经费和日常运行公用经费不减少，年初仅安排这两项经费，检察业务费和装备费的大部分由中央和省级承担，等两级专款下达后再确定本级财政拨付检察业务费的数额，因而减少了年初预算。

（三）“收支两条线”规定没有真正落实，多数地方还存在“收支挂钩”

如部分市县用中央和省级专款抵顶本级投入，“上进下退”，出

现“挤出效应”。

据高检院调查统计，宁夏回族自治区29个市县级检察院中有15个院2010年年初预算较上年降低，降幅最大的隆德县检察院降幅达19.38%，银川市下辖区县预算平均下降17.36%。江苏部分地区重新制定县级检察院公用保障标准后，仅有8家提高了标准，多数县级检察院标准没有增加，有的反而降低了。地方财政重新制定的保障标准文件中还规定全年的支出数不低于标准即可。苏北、苏中部分县区检察院年初公用经费人均安排1万多元、只相当于省最低保障标准的40%左右，大多数基层检察院办案和装备支出基本不安排预算，只能靠赃款返还和中央、省级补助专款来解决。[1]

三、贯彻落实要求

抓好《意见》的贯彻落实，是当前和今后一个时期政法保障工作的重要任务。

（一）明确责任

这次政法经费保障体制改革，不仅进一步明确了各级政府的经费保障责任，也明确了各级政法机关在经费管理与使用方面的责任；不仅加大了中央和省级政府的经费保障责任，也加大了中央和省级分配等方面的工作责任。这就需要充分发挥各级检察机关的积极性，上下一心，形成合力。

1. 发挥最高人民检察院的“龙头”作用

最高人民检察院在落实政法经费保障体制改革中负有领导责任，应加大向中央财政部门争取支持的力度，按照公平合理、符合实际的原则，争取更多的中央财政转移支付资金。既充分反映检察机关

[1] 最高人民检察院《关于检察经费保障工作专题调研综合调研报告》。

承担职务犯罪侦查职能、办案经费支出大等特点，最大限度地满足检察机关执法办案的工作需要，又按照向西部地区和维稳任务繁重地区倾斜的原则，努力实现地区之间分配比例合理。既加强调查研究，充分尊重地方检察院的意见，努力实现办案（业务）经费和业务装备经费之间的比例合理，又按照“收支脱钩”的管理要求，认真研究办案追缴赃款上缴管理的有关政策措施，努力争取补偿政策。

2. 发挥好省级人民检察院的关键作用

省级人民检察院在落实政法经费保障体制改革中承担着承上启下的重要责任，应积极主动配合省级财政部门合理确定省级政法转移支付资金在政法部门之间的分配比例。积极协助省级财政部门根据检察机关的办案业务工作量和业务装备配备年度实施计划，一并分配用于本省的中央政法转移支付资金和省级政法转移支付资金。根据实际工作需要，及时了解和汇报有关情况，主动争取省级政法转移支付资金预备费等更多的支持。

3. 发挥好市县级人民检察院全力抓落实的作用

市县级人民检察院是经费保障体制改革的直接受益者，应在省级人民检察院和省级财政部门的指导下，主动争取本级财政部门支持，确保各项政策要求落到实处；以编制和落实预算为重点，督促县级政府切实承担起人员经费和日常公用经费的保障责任，确保支出不能低于改革前水平，并根据财力情况予以增加，防止出现“挤出效应”；配合省级人民检察院抓好专项资金落实，防止被截留、挤占和挪用。

（二）把握重点

业务工作是检察工作的中心，也是经费保障的重心。各级检察机关应充分利用中央、省级和市县级财政专项资金，突出经费保障重点，为检察业务工作提供及时、有效的经费和物质保障。

1. 紧紧围绕满足执法办案需要做好经费保障工作

立足于为执法办案提供基本的经费和物质保障，保证和加强各项办案经费支出，把有限的经费用到执法办案最需要的地方。积极协调中央和省级财政部门，在分配政法转移支付资金时，将办案（业务）经费向重点地区和重点案件倾斜，向基层一线倾斜。

2. 紧紧围绕提高法律监督能力做好经费保障工作

把大规模推进教育培训工作纳入总体保障格局，把检察教育培训经费列入检察经费总体预算，加大对教育培训的经费投入，并按照一定比例在检察业务经费中单独列支，有规划有步骤地实现教育培训的全员覆盖。

3. 紧紧围绕实施“科技强检”战略做好经费保障工作

抓住这次改革对业务装备经费投入资金较大的有利条件，摸清业务装备底数，科学规划、突出重点，有计划、有步骤地实施装备更新，特别是应加大对检察信息化、科技装备建设和司法鉴定室的投入，确保经费保障到位。

4. 紧紧围绕加强业务基础设施建设做好经费保障工作

制定好业务基础设施建设项目规划，做好项目立项和资金申报等前期准备工作。积极配合各级党委、政府控制和冻结基础设施建设债务，抓紧研究提出解决的办法，妥善解决历史欠账，不再产生新的债务。

（三）完善标准

把政法经费保障体制改革的各项政策要求落到实处，关键是会同有关部门制定好符合检察工作实际的配套标准，为经费保障提供有效的政策依据，提供持续的发展动力。应积极会同有关部门修改完善县级检察院公用经费保障标准，制定市级检察院公用经费保障标准，分别确定日常运行公用经费和办案（业务）经费的保障标准，并根据本地区经济社会发展、财力增长水平和检察工作实际需要，建立公用经费正常增长机制。按照优化资源配置的原则，制定各级人民检察院装备配备标准，制定分地区、分类别的装备配备规划，为分配使用中央和省级财政业务装备补助经费提供政策依据。根据检察工作需要，抓紧制定地分地区、分类别的基础设施建设规划和实施方案，抓好年度计划的实施。

（四）严格管理

我国是一个发展中国家，地区发展不平衡，部分群众生活还比较困难。各级人民检察院应牢固树立勤俭持家过紧日子的思想，始终牢记越是困难时期，越要厉行节约，越是对检察经费投入增大，越要加强经费管理和监督。健全检察机关内部财务管理办法，建立符合检察经费特点的财务核算体系，加强内部财务管理，保证检察经费的安全有效使用。建立基层检察经费保障基础数据库，完善对基层人民检察院的绩效考评办法，提高检察经费管理效率，努力实现资金使用效益的最大化。严格执行各项经费开支范围和标准，继续发扬勤俭节约的优良传统，坚决反对铺张浪费。严格执行收支两条线和扣押、冻结款物管理规定，切实加强对重大经费开支、政府采购、重大工程建设项目的监督，严肃查处违反财经纪律的行为。

（五）加强领导

1. 高度重视

经费保障事关检察工作全局，事关检察事业长远发展，各级人民检察院应切实把贯彻落实《意见》工作纳入重要议事日程，摆在突出位置。院领导特别是检察长应带头学习领会精神，亲自研究协调解决重点、难点问题，联系实际提出贯彻落实措施。

2. 明确责任

各级人民检察院计财装备部门应把贯彻落实《意见》作为重中之重的任务，承担起争取资金、用好资金、管理资金职责的同时，充分发挥检务保障的综合管理职能，改进保障方式，强化保障措施，拓宽保障途径，延伸保障触角，提高保障水平。上级人民检察院应加强对下级人民检察院经费保障工作的检查、监督和指导，帮助协调解决实际困难。下级人民检察院检察长向上级人民检察院述职述廉报告工作，应把经费保障工作情况作为报告的重要内容。

3. 注意协调

检察经费保障工作离不开各级党委、政府和有关部门的大力支持。检察机关应积极主动争取党委、政府的领导和重视，将检察经费保障工作纳入党委、政府的重要议事日程；加强与财政和发展改革部门的协调配合，主动反映检察机关的实际情况、工作特点和现实需求，就保障目标、政策方向、标准制定、具体措施和实施计划积极提出意见和建议。

4. 加强调查研究

主动适应经费保障体制的新变化，加强对经费保障工作中新情况、新问题的调查研究，探索并提出切实有效的对策和措施，推动执法保障建设不断取得新的进展。

第五章　当前中国检务保障中的几个问题

【学习目的与要求】

- 了解当前中国检务保障的现状
- 把握当前中国检务保障中存在的突出问题
- 了解问题的主要根源
- 了解当前中国检务保障的现实影响
- 把握加强和改进检务保障工作的途径和方法

现行检务保障体制正处于改革发展过程中，需要在实践中逐步发展和完善。本章着重对中国检务保障的现状、存在的突出问题和原因进行分析，为深化“十二五”及今后一个时期检察保障体制改革、进一步加强和改进检务保障工作奠定基础。

第一节　当前中国检务保障基本状况

近年来，党中央、国务院和地方各级党委、政府高度重视检察工作，不断加大支持力度，检察机关经费保障、科技装备建设、基础设施建设、信息化建设等检务保障工作得到加强，为检察工作的科学发展奠定了良好基础。

一、经费保障力度加大

“十一五”时期，中央全力推进政法经费保障体制改革，不断加大经费投入力度，政法（检察）经费保障水平得到不断改善。

（一）经费保障机制得到完善

2008年12月，中央转发的《中央政法委关于深化司法体制和工作机制改革若干问题的意见》（中发［2008］19号），将加强政法经费保障作为深化司法体制和工作机制改革的一项重要任务。2009年7月，中共中央办公厅、国务院办公厅印发《关于加强政法经费保障工作的意见》（厅字［2009］32号），《意见》的出台在体制上明确了经费保障责任，在政策上体现出政法机关与其他机关的差异性，在投入上除各级政府加大经费投入外，中央和省级财政大幅度增加了政法转移支付。经费保障机制不断完善，在推动检察经费保障体制改革逐步向纵深发展、落实改革政策措施等方面都取得了明显成效。

（二）经费保障制度和标准体系不断健全

近年来，为适应经费保障体制改革的需要，全国检察机关逐步建立健全与“明确责任、分类负担、收支脱钩、全额保障”的分类保障体制相协调的一系列标准体系。截至2010年，全国检察机关有32个省级检察院协同财政部门制定了市县级检察院公用经费最低保障标准。2010年11月，在财政部指导下，高检院起草了《人民检察院财务管理办法》，修订了《检察业务费开支范围》，这些都是根据中央有关文件要求，建立健全适应检察经费保障体制改革需要的专门管理制度。

（三）检察经费保障水平逐步提高

无论是从经费保障标准、经费收入与支出结构、赃款返还在经费收入中的比例，还是从中央和省转移支付、专项补贴投入比重来看，均显现出经费保障状况的明显变化。

2010年，全国21个省财政部门指导检察机关制定实施了《检察机关涉案款物管理办法（试行）》，在探索建立涉案款物管理机制上迈出了实质性步伐，对落实“收支两条线”改革、防止利益驱动办案、提高经费保障水平具有重要意义。

二、基础设施建设成效明显

自中共中央转发《中央政法委关于深化司法体制和工作机制改革若干问题的意见》以来，全国检察机关积极争取中央和各级党委、政府的支持，加大投入力度，使基础设施建设有了长足发展。2010年，国家住房和城乡建设部、国家发改委发布了高检院修订的《人民检察院办案用房和专业技术用房建设标准》。2011年，中共中央办公厅、国务院办公厅转发《国家发展和改革委员会关于进一步加强地方政法基础设施建设规范投资保障机制的意见》的通知（厅字［2011］4号）。同年，国家住房和城乡建设部、国家发改委批准发布了高检院组织编制的《国家检察官学院地方分院建设标准》。这些政策措施的出台，为检察机关加快改变办公条件简陋、办案及专业技术无用房、教育培训无场所等落后面貌以及加强基础设施建设提供了机制保障。同时，各级党委、政府把检察机关基础设施建设纳入当地国民经济发展规划，与经济社会发展建设同步实施，一并落实。截至2010年，全国检察机关办案用房和专业技术用房建设总面积达1 428.9万平方米，90%的检察院基本完成了办案用房和专业技术用房建设任务。

截至2010年，全国有9个省级检察院建立了检察官分院。湖北省检察机关新建、改扩建办案用房和专业技术用房54.84万平方米，人均达到51.5平方米。

三、检察装备和信息化建设稳步推进

近年来，检察机关在加强常规检察装备建设的同时，着力加大交通通信、侦查指挥、证据收集、检察鉴定等科技装备投入，办案科技含量得到明显提高。2007~2010年，全国检察机关每年装备经费收入平均每省为9 669.61万元，与2003~2006年的4 845.935万元相比，增幅达99.54%。为使装备经费发挥最大使用效益，避免重复建设，防止浪费，各省人民检察院在管理使用装备经费过程中，坚持统一管理、统一规划、集中建设、集中采购的原则，采取省级统筹与分散使用相结合的方式，将装备经费投入重点科技装备建设和信息化建设中，建设了一批科技强检和信息化项目，检察装备和信息化条件明显改善。

2007~2010年，全国检察系统新增交通装备3 139台，新增办公装备7.34万台，办案办公设备总价5.13亿元。全国检察机关基础网络建设发展良好，截至2010年年底，全国地市级检察院全部联入检察专线网并建成了计算机局域网。2 776个县级检察院联入检察专线网，2 805个县级检察院建成了计算机局域网。

2009年，湖北省院与省财政厅联合下发《关于加强全省检察信息化建设和科技强检工作的通知》和《关于抓紧做好2009年度全省检察机关科技强检项目设备结转申报工作的通知》，明确了全省检察机关中央补助装备款的使用重点与范围，要求中央装备专款全部用于科技强检，逐年实施重点建设项目。

2007～2009年，宁夏、青海、广西等地抓住机会，集中财力办大事，利用业务装备专款建设检察二、三级网络，建立了“大要案侦查指挥中心”和“视频会议系统”，购置了一批侦查、技术鉴定设备等，提高了侦查办案和快速反应能力，提升了科技含量。

四、国有资产管理逐步规范

加强国有资产管理，是贯彻党中央、国务院方针政策，适应财政改革新形势的必然要求，也是更好地保障和促进各项检察工作、加强检察机关自身廉政建设的必然要求。全国检察机关采取有力措施，努力提高国有资产管理水平，推动检察机关经费和物质保障工作全面发展。在管理机制建设方面，建立起国有资产管理工作主要领导负责制、国有资产购置制度、国有资产产权登记制度、国有资产使用制度、国有非经营性资产转为经营性资产的审批制度、国有资产处置工作制度、国有资产评估制度、国有资产报告制度等，为规范管理国有资产奠定了基础。在国有资产管理职能机构和专业人员建设方面，全国各省级人民检察院都在计财装备部门成立国有资产管理机构，地市级和县（市、区）级人民检察院也成立了专门管理机构或设立专门管理人员，统一对本单位占有、使用的国有资产实施监督管理，负责国有资产产权界定、清查登记、统计报告、资产评估、日常监督检查以及国有资产的更新、调拨、转让、报损、报废的审批等工作。在国有资产管理工作程序方面，坚持“依法管产”的原则，全面执行国有资产管理法律法规，建立科学民主的决策程序，完善“统一领导、归口管理、分级负责、责任到人、加强监督”的管理方法，把检察机关国有资产管理工作提高到了新的水平。此外，规范了涉案款物的扣押、冻结、管理、处理工作。2009年6月，最高人民检察院在全国范围内开展了检察机关直接立案侦查案件扣押冻结款物专项检查工作，对2004年以来已办结的涉及扣押冻结款物的13.7万件案件进行了逐案清理，纠正了一批违规违法扣押冻结涉案款物的问题，建立健全了规范扣押、冻结、管理、处理涉案款物长效机制。

五、检务保障队伍建设得到加强

近年来，全国检察机关不断健全检务保障机构，逐步加大人才引进和内部调配力度，多渠道引进专门人才，有效促进检务保障队伍建设。坚持把检务保障干部培训纳入检察教育培训整体格局，进一步提高了队伍专业化水平。

坚持开展计划财务装备干部教育培训工作，通过业务培训和实践锻炼，着力改善知识结构和业务能力。2006~2010年，全国检察机关共组织计划财务装备干部培训7 198人次。

第二节　当前中国检务保障存在的突出问题

《关于加强政法经费保障工作的意见》的实施，在强化检察经费保障、推进检察基础设施、检察信息化和检察装备建设等方面取得了积极进展。但是就检务保障现状而言，仍然存在不少问题。主要表现在以下五个方面。

一、检察经费保障方面

（一）经费保障总体水平偏低，同法律监督工作的快速发展不相适应

2006～2010年，全国检察机关主要业务工作量均大幅上升。同期，经费年均收入增幅比国家财政年均收入增幅少1.55%，经费年均支出增幅比国家财政年均支出增幅少6.07%，检察经费保障总量不足，与检察业务快速发展不相称。如表5－1、表5－2所示。

表5－1　全国检察机关2006～2010年经费收入与财政总收入对比明细

年度	全国检察机关经费总收入（万元）	年均增长率（%）	全国财政总收入（亿元）	年均增长率（%）	检察经费收入增幅与财政收入增幅差异（%）
2006年	1 788 053.70	—	38 760.00	—	—
2007年	2 435 618.14	36.22	51 322.00	32.41	3.81
2008年	2 774 593.54	13.92	61 330.00	19.50	－5.58
2009年	3 150 939.92	13.56	68 518.00	11.72	1.84
2010年	3 623 614.30	15.00	83 080.00	21.25	－6.25
合　计	13 772 819.60	19.67	303 010.00	21.22	－1.55

资料来源：根据2006～2010年最高人民检察院计财局财务决算报表整理。

表5－2　国检察机关2006～2010年经费支出与财政总支出对比明细

年度	全国检察机关经费总支出（万元）	年均增长率（%）	全国财政总支出（亿元）	年均增长率（%）	检察经费支出增幅与财政支出增幅差异（%）
2006年	1 758 074.41	—	40 422.73	—	—
2007年	2 410 551.10	37.11	49 781.35	23.15	13.96
2008年	2 749 095.58	14.04	62 592.66	25.74	－11.69
2009年	2 994 878.64	8.94	81 536.42	30.27	－21.32
2010年	3 472 084.45	15.93	98 777.84	21.15	－5.21
合　计	13 384 684.18	19.01	333 111.00	25.07	－6.07

资料来源：根据2006～2010年最高人民检察院计财局财务决算报表整理。

（二）经费保障增幅与财政收入增幅不协调，同法律监督工作的协调发展不相适应

2006～2010年，全国检察经费年均收入有13个省份与财政收入年均增幅的差距在5%以上。随着检察改革的深化、法律监督职能的拓展，经费保障面临许多新情况、新问题：跨区域、跨国境职务犯罪增加，查处职务犯罪的难度加大，办案成本增加；审查逮捕职务犯罪案件与“上提一级”改革之前相比，工作量和办案成本增加；“两个证据规则”出台后，出庭支持公诉一项工作变成了出庭支持公诉、证据的合法性审查、调查及其证明、提出量刑建议等三项工作，办案工作量与成本成倍增加；法律监督调查、职务犯罪预防、社区矫正、检务公开、配合地方党委、政府的中心工作、教育培训、法律监督向基层延伸等，都对经费保障提出了新的要求。全国检察机关案件情况见表5－3至表5－9。

（三）分类负担的经费保障政策不完善，同法律监督工作的持续发展不相适应

分类负担保障政策规定，检察机关人员经费、日常公用经费、办公基础设施建设经费和各类基础设施维修经费由同级财政负担，办案业务经费、业务装备经费及业务基础设施建设经费由中央、省级和同级财政分区域按责任负担。虽然，这在一定程度上体现了不同地区各级政法部门的保障特点，缓解了中西部地区县级、维稳任务重的地区及经济困难地区市（地）级政法机关的经费保障压力，但是，未能从根本上脱离传统的分级负担保障模式，各类经费保障均不同程度依赖和受制于地方。由于东、中、西部地区经济发展、财力状况、增长速度的不平衡性，检察经费保障的差异性难以根除。如表5－10所示。

表 5－3 全国检察机关 2006～2010 年查办职务犯罪案件基本情况分析

年度	控申部门受理举报职务犯罪线索	侦查部门受案	立案侦查职务犯罪									立案件数与控申部门受理举报数比率	立案件数与侦查部门受案数比率（成案率）
			立案		同比增减	立查大案	同比增减	立查要案	同比增减	立查厅级要案	立查省部级以上要案		
	（件）	（件）	（件）	（人）	（%）	（件）	（%）	（人）	（%）	（人）	（人）	（%）	（%）
2006 年	214 584	57 867	33 668	40 041	－3.39	18 241	0.22	2736	－2.25	202	6	15.7	58.2
2007 年	190 962	53 978	33 651	40 753	1.78	19 633	7.6	2 706	－1.1	168	5	17.6	62.3
2008 年	173 973	51 961	33 546	41 179	10.5	20 805	6.0	2 687	－0.7	181	4	19.3	64.6
2009 年	180 857	51 868	32 439	41 531	0.9	21 366	3.7	2 670	－0.6	204	8	17.9	62.5
2010 年	181 916	49 969	32 909	44 085	6.1	21 732	1.7	2 723	0	188	6	18.1	65.9
5 年合计	942 292	265 643	166 213	207 589	—	101 777	—	13 522	—	943	29	17.6	62.6
2001～2005 年合计	1 389 865	386 328	200 900	226 685	—	92 288	—	14 425	—	—	—	14.5	52
与 2001～2005 年的 5 年相比较	下降 32.2%	下降 31.2%	下降 17.3%	下降 8.4%	—	上升 10.3%	—	下降 6.3%	—	—	—	增加 3.1	增加 10.6

表 5 -4　全国刑事犯罪案件立破案、审查批捕主要情况分析

年度	公安机关对刑事犯罪立、破案情况			检察机关审查批捕刑事犯罪情况						受理批捕所占比率	
	立案	破案	破案率	受理批捕		批准逮捕	不批准逮捕	批捕率	批捕率同比增减	件数占公安立案比率	件数占公安破案比率
	（件）	（件）	（%）	（件）	（人）	（人）	（人）	（%）	（%）	（%）	（%）
2006 年	4 666 474	2 214 149	47. 4	636 166	1 001 760	891 620	95 607	90. 3	-1. 0	13. 6	28. 7
2007 年	4 807 517	2 410 344	50. 1	655 325	1 033 942	920 766	100 711	90. 1	-0. 2	13. 6	27. 2
2008 年	4 884 960	2 411 476	49. 4	683 345	1 069 172	952 583	107 815	89. 8	-0. 3	14	28. 3
2009 年	5 579 915	2 447 515	43. 9	693 844	1 071 958	941 091	123 235	88. 4	-1. 4	12. 4	28. 3
2010 年	5 969 892	2 329 947	39. 0	706 392	1 069 401	916 209	143 891	86. 4	2. 0	11. 8	30. 3
5 年合计	25 908 758	11 813 431	45. 6	3 375 072	5 246 233	4 622 269	571 259	89. 1	—	13. 0	28. 6
2001～2005 年合　计	22 554 707	9 519 271	42. 2	2 929 692	4 467 866	4 071 642	364 411	91. 7	—	13. 0	30. 8
与 2001～2005 年的 5 年相比较	上升 14. 9%	上升 24. 1%	增加 3. 4	上升 15. 2%	上升 17. 4%	上升 13. 5%	上升 56. 8%	降低 2. 6	—	持平	降低 2. 2

表 5－5 全国刑事犯罪案件立破案、审查起诉主要情况分析

年度	公安机关对刑事犯罪立、破案情况			检察机关审查起诉刑事犯罪情况						受理审查起诉所占比率	
	立案	破案	破案率	受理审查起诉		决定起诉	决定不起诉	起诉率	起诉率同比增减	件数占公安立案比率	件数占公安破案比率
	（件）	（件）	（%）	（件）	（人）	（人）	（人）	（%）	（%）	（%）	（%）
2006 年	4 666 474	2 214 149	47. 4	736 867	1 175 863	999 086	18 578	98. 2	0. 1	15. 8	33. 3
2007 年	4 807 517	2 410 344	50. 1	780 218	1 260 329	1 082 487	27 988	97. 5	－0. 7	16. 2	32. 4
2008 年	4 884 960	2 411 476	49. 4	820 601	1 324 651	1 143 897	29 871	97. 5	0. 0	16. 8	34. 0
2009 年	5 579 915	2 447 515	43. 9	829 188	1 332 768	1 134 380	33 048	97. 2	－0. 3	14. 9	33. 9
2010 年	5 969 892	2 329 947	39. 0	837 601	1 331 198	1 148 409	37 485	96. 8	－0. 4	14. 0	35. 9
5 年合计	25 908 758	11 813 431	45. 6	4 004 475	6 424 809	5 508 259	146 970	97. 4	—	15. 5	33. 9
2001～2005 年合 计	22 554 707	9 519 271	42. 2	3 300 252	5 061 827	4 332 185	102 928	97. 6	—	14. 6	34. 7
与 2001～2005 年的 5 年相比较	上升 14. 9%	上升 24. 1%	增加 3. 4	上升 21. 3%	上升 26. 9%	上升 27. 1%	上升 42. 8%	降低 0. 2	—	增加 0. 9	降低 0. 8

表 5－6　全国刑事犯罪案件立案、诉讼监督主要情况分析

年度	公安机关对刑事犯罪立案	检察机关对公安机关刑事立案监督		检察机关侦查监督				法院判决刑事犯罪案件	检察机关对刑事审判活动监督				提出刑事抗诉占法院判决案件比率	法院判决刑事犯罪人数
		监督立案	监督立案占公安立案比率	追捕	追捕占逮捕总数比率	追诉	追诉占起诉总数比率		提出刑事抗诉	法院审结	直接改判	改判率		
	（件）	（件）	（%）	（人）	（%）	（人）	（%）	（件）	（件）	（件）	（件）	（%）	（%）	（人）
2006 年	466 6474	16 662	0.36	14 858	1.67	10 703	1.07	702 445	3 161	1 911	834	43.6	0.45	889 042
2007 年	4 807 517	17 421	0.36	16 173	1.76	13 208	1.22	724 112	3 053	1 829	765	41.8	0.42	931 745
2008 年	4 884 960	20 198	0.41	20 777	2.14	16 968	1.44	767 842	3 248	2 083	863	41.4,	0.42	1 007 304
2009 年	5 579 915	19 466	0.35	21 281	2.22	19 240	1.65	768 507	3 963	2 391	1 004	42	0.52	996 666
2010 年	5 969 892	31 203	0.52	37 642	4.11	36 486	3.18	779 641	5 425	3 880	1 506	38.8	0.7	1 030 613
5 年合计	25 908 758	104 950	0.39	110 731	2.4	96 605	1.75	3 742 547	18 850	12 094	4 972	41.4	0.5	4 855 370
2001～2005 年合计	22 554 707	100 084	0.44	56 606	1.41	32 015	0.75	3 225 387	15 968	6 358	2 739	43.1	0.5	3 797 433
与2001～2005 年的5 年相比较	上升 14.9%	上升 4.9%	降低 0.05	上升 95.6%	增加 0.99	上升 201.7%	增加 1	上升 16%	上升 18%	上升 90.2%	上升 81.5%	降低 1.7	持平	上升 27.9%

表 5－7　全国刑事犯罪案件立案、诉讼监督主要情况分析

年度	法院判决民事行政案件	检察机关民事行政审判活动监督									检察机关刑罚执行监督	
		受理不服民事行政判决	受理数占法院判决数比率	提出民事行政抗诉	提出抗诉数占法院判决数比率	抗诉案件法院再审审结	再审改变率	提出再审检察建议	法院采纳再审检察建议	采纳率	书面纠正超期羁押	书面纠正监管场所违法
	（件）	（件）	（%）	（件）	（%）	（件）	（%）	（件）	（件）	（%）	（人）	（人）
2006 年	4 481 349	65 361	1.5	12 669	0.28	8 941	68.1	5 949	3 626	61	233	3 800
2007 年	4 825 950	61 991	1.3	11 817	0.24	8 175	67.8	5 992	3 599	60.1	57	9 636
2008 年	5 520 989	57 586	1.0	11 459	0.21	7 565	70.4	5 220	3 953	75.7	212	11 307
2009 年	5 920 456	66 020	1.1	11 556	0.20	7 787	72.0	6 714	4 691	69.9	333	21 675
2010 年	6 339 492	147 968	2.3	12 139	0.19	9 719	76.2	11 290	9 326	82.6	529	19 942
5 年合计	27 088 236	398 926	1.5	59 640	0.22	42 187	71.0	35 165	25 195	71.6	1 364	66 360
2001～2005 年合　计	22 609 666	374 195	1.66	68 866	0.30	40 891	73.6	20 600	11 251	54.6	133 835	34 607
与 2001～2005 年的 5 年相比较	上升 19.8%	上升 6.6%	降低 0.16	下降 13.4%	降低 0.08	上升 3.2%	降低 2.6	上升 70.7%	上升 123.9%	增加 17	下降 99%	上升 91.8%

表 5-8　全国检察机关接待涉法涉诉信访及刑事赔偿情况分析

年度	检察机关接待涉法涉诉申诉信访					检察机关刑事赔偿		
	合计（件）	其中不服公安机关不立案（件）	其中不服检察机关处理决定（件）	其中不服法院刑事判决裁定（件）	其中不服法院民事行政裁判决定（件）	检察机关受理刑事赔偿（件）	决定赔偿（件）	支付赔偿金（万元）
2006 年	121 051	6 162	3 422	18 423	43 318	1 382	644	1 110. 6
2007 年	112 632	5 895	2 632	16 494	40 361	1 143	656	1 288. 8
2008 年	105 301	5 364	2 402	15 399	36 270	963	571	1 469. 3
2009 年	110 198	5 595	3 033	14 684	38 372	936	582	1 426. 7
2010 年	122 637	5 700	6 583	18 569	43 095	1 741	1 305	2 892. 8
5 年合计	571 819	28 716	18 072	83 569	201 416	6 165	3 758	8 188. 2
2001～2005 年合 计	649 244	32 563	47 846	106 884	313 531	8 090	2 252	2 549
与 2001～2005 年的 5 年相比较	下降 11. 9%	下降 11. 8%	下降 62. 2%	下降 21. 8%	下降 35. 8%	下降 23. 8%	上升 66. 9%	上升 221. 2%

表5－9　全国未成年犯、老年犯、初犯、偶犯刑事犯罪捕、诉、判情况分析

年度	不满18周岁的未成年犯				初犯、偶犯中						法院判决刑事犯罪人数
					学生		国家工作人员		国企工人		
	捕（人）	诉（人）	判（人）	判决数占刑事犯罪总判决数比率（%）	捕（人）	诉（人）	捕（人）	诉（人）	捕（人）	诉（人）	（人）
2006年	92 574	98 568	83 697	9.41	11 378	18 378	5 227	7 264	36 402	49 492	889 042
2007年	95 121	106 266	87 506	9.39	9 844	17 007	4 575	7 217	36 899	53 804	931 745
2008年	88 607	101 928	88 891	8.82	8 698	16 594	4 673	7 344	30 889	47 280	1 007 304
2009年	76 331	89 559	77 604	7.79	7 015	13 363	4 616	6 910	23 389	41 536	996 666
2010年	68 461	79 977	72 153	7.44	6 448	12 757	4 461	6 797	23 851	37 496	1 030 613
5年合计	421 094	476 298	409 851	8.51	43 383	78 099	23 552	35 532	151 430	229 608	4 855 370
2001～2005年合计	387 164	379 397	311 561	8.2	60 901	82 484	29 367	38 330	1 867 11	232 124	3 797 433
与2001～2005年的5年相比较	上升8.8%	上升25.5%	上升31.5%	增加0.31	下降28.8%	下降5.3%	下降19.8%	下降7.3%	下降18.9%	下降1.1%	上升27.9%

表 5-10　全国检察机关 2006～2010 年经费收入人均统计

地　区	人员（人）	本年总收入（万元）	年均增长率（%）	人均（万元）
北京市	20 765	360 557.98	10.07	17.36
上海市	20 108	462 595.00	13.18	23.01
广东省	69 747	1 124 228.96	12.70	16.12
福建省	40 063	394 779.02	17.60	9.85
江苏省	59 359	927 072.09	18.59	15.62
浙江省	42 867	626 683.13	16.67	14.62
山东省	80 261	846 111.08	21.56	10.54
天津市	15 017	201 650.90	22.02	13.43
辽宁省	51 772	547 586.58	21.85	10.58
东部小计	399 959	5 491 264.74	17.14	13.73
黑龙江省	42 624	426 833.81	21.12	10.01
吉林省	31 186	434 035.36	26.67	13.92
海南省	10 425	141 842.74	24.99	13.61
河北省	62 913	653 852.73	22.53	10.39
山西省	43 803	390 004.41	18.89	8.90
河南省	92 773	847 687.50	22.24	9.14
安徽省	42 119	401 089.57	25.01	9.52
湖北省	52 131	577 639.15	19.67	11.08
江西省	34 640	371 530.50	18.07	10.73
湖南省	49 570	578 437.63	15.09	11.67
中部小计	462 184	4 822 953.41	21.43	10.44
内蒙古自治区	34 202	333 845.85	31.84	9.76
陕西省	35 430	332 136.22	21.50	9.37
宁夏回族自治区	9 318	100 332.71	36.75	10.77
云南省	43 240	441 377.52	19.89	10.21
贵州省	29 281	276 115.12	23.19	9.43

续表

地　区	人员（人）	本年总收入（万元）	年均增长率（%）	人均（万元）
四川省	64 250	636 963.08	22.23	9.91
重庆市	21 442	235 372.32	24.02	10.98
甘肃省	26 958	216 629.67	26.34	8.04
广西壮族自治区	34 765	357 921.40	24.24	10.30
西藏自治区	10 178	104 220.71	30.72	10.24
新疆维吾尔自治区	27 678	272 093.89	26.83	9.83
青海省	9 742	113 372.47	29.24	11.64
新疆生产建设兵团	4 726	38 220.49	25.73	8.09
西部小计	351 210	3 458 601.46	26.35	9.85
总　计	1 213 353	13 772 819.60	19.67	11.35

资料来源：根据2006～2010年最高人民检察院计财局财务决算报表整理。

（四）“收支两条线”运行存在“明脱暗挂”现象，同法律监督的健康发展不相适应

因检察经费保障受地方经济发展影响，在经济欠发达和西部不发达地区，只能保人员经费、保基本运转，无力提供检察发展的经费保障，有的不得不采取变通的办法，实行收支挂钩、以收定支、赃款返还奖励等政策措施。虽然近年来中央、省转移支付力度不断加大，但基层院经费保障整体水平增幅较小，形成了事实上的“上进下退”。2006～2010年，全国检察机关经费收入中赃款返还用于人员经费、公用经费、装备费和基础设施建设的比例分别为6.44%、62.45%、14.36%、16.75%。如表5－11所示。

表 5－11　2006～2010 年全国检察机关经费赃款返还用于弥补各类经费统计

年度	本年总收入					人员经费					公用经费				
	总计（万元）	年均增长率（%）	其中：赃款返还（万元）	其中：赃款返还年均增长（%）	其中：赃款返还占总收入（%）	小计（万元）	年均增长率（%）	人员经费占总收入（%）	其中：赃款返还（万元）	其中：占总赃款返还（%）	合计（万元）	年均增长率（%）	公用经费占总收入（%）	其中：赃款返还（万元）	其中：占总赃款返还（%）
2006 年	1 788 054	—	235 336	—	1316.15	701 926	—	39.26	15 209.67	6.46	817 955.50	—	45.75	181 409	77.09
2007 年	2 435 618	36.22	283 207	20.34	11.63	966 945	37.76	39.70	21 250	7.50	978 228.58	19.59	40.16	171 594	60.59
2008 年	2 774 594	13.92	248 838	-12.14	8.97	1 139 936	17.89	41.08	16 923	6.80	992 673.36	1.48	35.78	141 835	57.00
2009 年	3 150 940	13.56	265 923	6.87	8.44	1260 179	10.55	39.99	15 215	5.72	1 206 924.69	21.58	38.30	157 279	59.14
2010 年	3 623 614	15.00	234 781	-11.71	6.48	1 393 367	10.57	38.45	13 032	5.55	1 354 590.24	12.23	37.38	139 820	59.55
合计	13 772 820	19.67	1 268 084	0.84	9.21	5 462 353	19.19	39.66	81 629.92	6.44	5 350 372.36	13.72	38.85	791 936	62.45

年度	装备费					基础设施建设费					预算外收入（万元）	预算外收入占总收入（%）	其他收入（万元）	其他收入占总收入（%）
	小计（万元）	年均增长率（%）	装备费占总收入（%）	其中：赃款返还（万元）	其中：占总赃款返还（%）	小计（万元）	年均增长率（%）	基础设施建设费占总收入（%）	其中：赃款返还（万元）	其中：占总赃款返还（%）				
2006 年	192 257.01	—	10.75	38 717.00	16.45	—	—	—	—	0.00	33 562	1.88	42 354	2.37
2007 年	168 500.56	-12.36	6.92	32 850.45	11.60	272 548	—	11.19	57 512	20.31	13 241	0.54	36 155	1.48
2008 年	247 739.96	47.03	8.93	37 286.90	14.98	339 957	24.73	12.25	52 794	21.22	27 420	0.99	26 866	0.97
2009 年	342 992.49	38.45	10.89	40 114.27	15.08	292 764	-13.88	9.29	53 315	20.05	18 428	0.58	29 653	0.94
2010 年	478 477.20	39.50	13.20	33 118.43	14.11	338 755	15.71	9.35	48 811	20.79	17 316	0.48	41 108	1.13
合计	1 429 967.22	28.15	10.38	182 087.05	14.36	1 244 024	8.85	9.03	212 431	16.75	109 967	0.80	176 136	1.28

资料来源：根据 2006～2010 年最高人民检察院计财局财务决算报表整理。

（五）检察人员待遇两极分化，同检察事业的可持续发展不相适应

由于人员经费仍由同级财政负担，检察干警的工资津补贴待遇相差悬殊，主要表现在以下方面。

1. 东中西部人员经费保障水平差距大

东部比中部、西部分别高出65.94%、60.68%，东部最高的上海市年人均12.09万元，比中部最低的河南省年人均的3.06万元高出9.03万元，高出295.1%，比西部最低的甘肃省年人均的3.32万元高出8.77万元，高出264.16%。如表5－12所示。

表5－12　全国检察机关2006～2010年人员经费收入统计

地　区	人数（人）	人员经费（万元）	人均（万元）	人均收入排序
北京市	20 765	142 813.32	6.88	6
上海市	20 108	243 035.18	12.09	1
广东省	69 747	496 226.29	7.11	3
福建省	40 063	172 507.59	4.31	9
江苏省	59 359	420 086.42	7.08	5
浙江省	42 867	310 983.83	7.25	2
山东省	80 261	331 796.91	4.13	11
天津市	15 017	106 712.11	7.11	4
辽宁省	51 772	211 528.23	4.09	14
东部小计	399 959	2 435 689.88	6.09	—
黑龙江省	42 624	158 467.99	3.72	25
吉林省	31 186	115 035.32	3.69	26
海南省	10 425	44 886.71	4.31	10
河北省	62 913	247 734.12	3.94	15
山西省	43 803	155 496.29	3.55	28
河南省	92 773	284 005.75	3.06	32
安徽省	42 119	165 588.38	3.93	16
湖北省	52 131	214 118.22	4.11	13

续表

地　区	人数（人）	人员经费（万元）	人均（万元）	人均收入排序
江西省	34 640	120 449.96	3.48	30
湖南省	49 570	191 060.23	3.85	18
中部小计	462 184	1 696 842.96	3.67	—
内蒙古自治区	34 202	121 883.83	3.56	27
陕西省	35 430	135 195.58	3.82	20
宁夏回族自治区	9 318	34 806.12	3.74	23
云南省	43 240	160 972.08	3.72	24
贵州省	29 281	103 398.03	3.53	29
四川省	64 250	242 010.31	3.77	21
重庆市	21 442	80 184.94	3.74	22
甘肃省	26 958	89 393.73	3.32	31
广西壮族自治区	34 765	133 557.70	3.84	19
西藏自治区	10 178	55 023.33	5.41	7
新疆维吾尔自治区	27 678	107 017.86	3.87	17
青海省	9 742	46 841.98	4.81	8
新疆生产建设兵团	4 726	19 534.60	4.13	12
西部小计	351 210	1 329 820.07	3.79	—
总　　计	1 213 353	5 462 352.92	4.50	—

资料来源：根据 2006 ~ 2010 年最高人民检察院计财局财务决算报表整理。

2. 全国检察人员基本工资基本相等，但津补贴差距悬殊

东部比中部、西部人均年津补贴分别高出 108.26%、85.31%。如表 5 – 13 所示。

表 5－13　全国检察机关 2006～2010 年人员津补贴经费收入统计

地区	人数（人）	人员经费（万元）	其中				津贴补贴人均排序	年津补贴5万元的单位（个）	年津补贴4万～5万元的单位（个）	年津补贴3万～4万元的单位（个）	年津补贴2万～3万元的单位（个）	年津补贴2万元以下的单位（个）
			基本工资（万元）	人均（万元）	津贴补贴（万元）	人均（万元）						
北京	20 765	142 813.32	31 120.20	1.50	111 693.12	5.38	5	1	0	0	0	0
上海	20 108	243 035.18	44 808.45	2.23	198 226.72	9.86	1	1	0	0	0	0
广东	69 747	496 226.29	126 780.52	1.82	369 445.77	5.30	6	1	0	0	0	0
福建	40 063	172 507.59	51 725.23	1.29	120 782.36	3.01	9	0	0	1	0	0
江苏	59 359	420 086.42	89 988.58	1.52	330 097.84	5.56	3	1	0	0	0	0
浙江	42 867	310 983.83	60 810.98	1.42	250 172.85	5.84	2	1	0	0	0	0
山东	80 261	331 796.91	117 939.53	1.47	213 857.38	2.66	13	0	0	0	1	0
天津	15 017	106 712.11	24 112.99	1.61	82 599.12	5.50	4	1	0	0	0	0
辽宁	51 772	211 528.23	72 269.13	1.40	139 259.10	2.69	12	0	0	0	1	0
东部小计	399 959	2 435 689.88	619 555.62	1.55	1 816 134.26	4.54	—	6	0	1	2	0
黑龙江	42 624	158 467.99	65 288.53	1.53	93 179.46	2.19	27	0	0	0	1	0
吉林	31 186	115 035.32	53 451.54	1.71	61 583.78	1.97	30	0	0	0	0	1
海南	10 425	44 886.71	16 601.92	1.59	28 284.79	2.71	11	0	0	0	1	0
河北	62 913	247 734.12	101 374.93	1.61	146 359.19	2.33	23	0	0	0	1	0
山西	43 803	155 496.29	63 505.11	1.45	91 991.18	2.10	28	0	0	0	1	0
河南	92 773	284 005.75	134 144.82	1.45	149 860.93	1.62	32	0	0	0	0	1
安徽	42 119	165 588.38	55 580.05	1.32	110 008.33	2.61	15	0	0	0	1	0
湖北	52 131	214 118.22	76 745.94	1.47	137 372.28	2.64	14	0	0	0	1	0
江西	34 640	120 449.96	50 272.93	1.45	70 177.04	2.03	29	0	0	0	1	0
湖南	49 570	191 060.23	71 755.41	1.45	119 304.82	2.41	21	0	0	0	1	0
中部小计	462 184	1 696 842.96	688 721.17	1.49	1 008 121.80	2.18	—	0	0	0	8	2
内蒙古	34 202	121 883.83	47 019.07	1.37	74 864.75	2.19	26	0	0	0	1	0
陕西	35 430	135 195.58	56 847.71	1.60	78 347.87	2.21	25	0	0	0	1	0
宁夏	9 318	34 806.12	12 156.17	1.30	22 649.95	2.43	20	0	0	0	1	0
云南	43 240	160 972.08	51 041.83	1.18	109 930.25	2.54	17	0	0	0	1	0

续表

地区	人数	人员经费	其中				津贴补贴人均排序	年津补贴5万元的单位（个）	年津补贴4万~5万元的单位（个）	年津补贴3万~4万元的单位（个）	年津补贴2万~3万元的单位（个）	年津补贴2万元以下的单位（个）
			基本工资（万元）	人均（万元）	津贴补贴（万元）	人均（万元）						
贵州	29 281	103 398.03	36 614.43	1.25	66 783.60	2.28	24	0	0	0	1	0
四川	64 250	242 010.31	79 972.54	1.24	162 037.77	2.52	18	0	0	0	1	0
重庆	21 442	80 184.94	29 213.11	1.36	50 971.83	2.38	22	0	0	0	1	0
甘肃	26 958	89 393.73	36 399.02	1.35	52 994.71	1.97	31	0	0	0	0	1
广西	34 765	133 557.70	43 995.05	1.27	89 562.65	2.58	16	0	0	0	1	0
西藏	10 178	55 023.33	16 958.95	1.67	38 064.38	3.74	7	0	0	1	0	0
新疆	27 678	107 017.86	38 035.45	1.37	68 982.41	2.49	19	0	0	0	1	0
青海	9 742	46 841.98	14 751.05	1.51	32 090.93	3.29	8	0	0	1	0	0
兵团	4 726	19 534.60	6 218.29	1.32	13 316.31	2.82	10	0	0	0	1	0
西部小计	351 210	1 329 820.07	469 222.67	1.34	860 597.41	2.45	—	0	0	2	10	1
总计	1 213 353	5 462 352.92	1 777 499.45	1.46	3 684 853.47	3.04	—	6	0	3	20	3

资料来源：根据2006~2010年最高人民检察院计财局财务决算报表整理。

3. 同一省区内省市县（区）三级院人均津补贴差距大

以湖北省检察机关为例，2010年全省人均津补贴3.04万元，其中7万~8万元的5个单位，占4.07%；6万~7万元的3个单位，占2.44%；5万~6万元的3个单位，占2.44%；4万~5万元的6个单位，占4.88%；3万~4万元的21个单位，占17.07%；2万~3万元的52个单位，占42.28%；1万~2万元的29个单位，占23.58%；1万元以下的4个单位，占3.25%；最高的武汉市江汉区院人均7.66万元比最低的保康县院的人均0.85万元高出6.81万元，高出801.18%。2010年湖北省检察机关人均津补贴分析情况如图5-1所示。

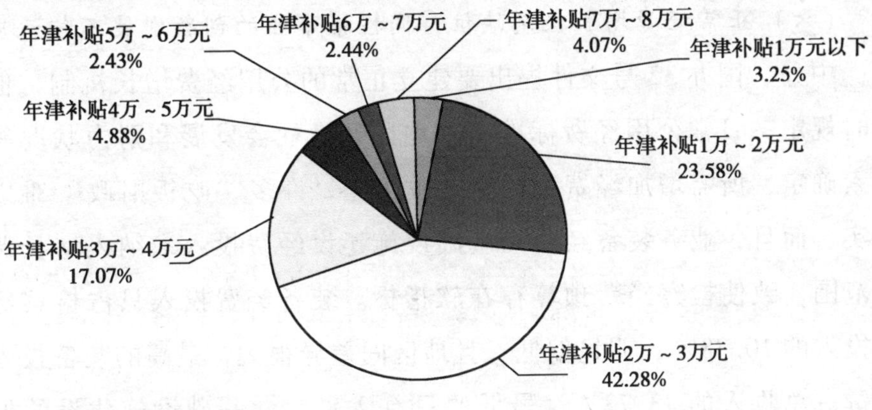

图 5－1　湖北省检察机关 2010 年人均津补贴分析

资料来源：根据 2010 年最高人民检察院计财局财务决算报表整理。

4. 与中央垂管单位差距大

如湖北省国税系统 2010 年度月人均津补贴是该省检察院月人均津补贴的 2.15 倍。

5. 基层检察人员职级待遇更低

湖北省 77 个基层检察院处级干部、科员、办事员的年收入水平与武汉市基层院同级人员比较，分别相差 0.78 倍、0.68 倍和 0.68 倍。人员经费保障尤其是基层人员待遇低，带来人才引进难、留住人才难、安心基层难等问题。湖北省检察机关 2010 年干警工资对比情况如表 5－14 所示。

表 5－14　湖北省检察机关 2010 年干警工资对比

（元）

级别＼单位 金额	武汉市院	77 个基层院	武汉市院与 77 个基层院的差额	差额（%）
厅级干部	92 170	55 302	36 868	67
处级干部	83 272	46 840	36 432	78
科级干部	54 470	32 341	22 129	68
科员及办事员	40 681	24 154	16 527	68

（六）正常经费增长机制缺位，同检察事业的创新发展不相适应

中办、国办32号文件提出要建立正常的公用经费增长机制，但同时规定，日常公用经费标准由本地区经济社会发展和财力状况等因素确定，所需增加经费由同级财政负担，许多“吃饭财政”难以落实。而且，业务装备经费和基础设施建设经费投入未纳入增长调整范围，致使检察经费预算存在软指标。装备经费投入只占检察经费投入的10.38%，明显偏低，且地区间差异很大，最高的装备投入经费占总收入的23.73%，最低的只有2.82%。基础设施建设的保障体制未完全建立。如表5－15所示。

表5－15　2006～2010年全国检察机关装备收入占总收入分析

（万元）

地　区	装备费			人均	装备费占总收入比例（%）
	合计	年初预算	年中追加		
北京市	42 538.71	9 224.99	33 313.72	2.05	11.80
上海市	39 658.49	37 643.17	2 015.32	1.97	8.57
广东省	67 964.64	44 176.70	23 787.94	0.97	6.05
福建省	37 040.75	16 796.62	20 244.13	0.92	9.38
江苏省	66 420.26	32 689.50	33 730.76	1.12	7.16
浙江省	52 806.48	31 281.22	21 525.26	1.23	8.43
山东省	105 820.71	27 474.26	78 346.45	1.32	12.51
天津市	20 455.36	3 106.11	17 349.25	1.36	10.14
辽宁省	49 338.33	16 330.63	33 007.70	0.95	9.01
东部小计	482 043.73	218 723.20	263 320.53	1.21	8.78
黑龙江省	59 994.22	15 909.16	44 085.06	1.41	14.06
吉林省	42 778.08	9 430.50	33 347.58	1.37	9.86
海南省	16 478.99	9 776.28	6 702.71	1.58	11.62
河北省	100 705.75	15 337.08	85 368.67	1.60	15.40
山西省	41 031.97	18 918.65	22 113.32	0.94	10.52
河南省	90 253.10	22 018.78	68 234.32	0.97	10.65

续表

（万元）

地 区	装备费			人均	装备费占总收入比例（%）
	合计	年初预算	年中追加		
安徽省	58 032.35	11 968.25	46 064.10	1.38	14.47
湖北省	56 829.21	26 649.84	30 179.37	1.09	9.84
江西省	29 714.09	10 559.32	19 154.77	0.86	8.00
湖南省	38 161.89	11 672.08	26 489.81	0.77	6.60
中部小计	533 979.64	152 239.94	381 739.70	1.16	11.07
内蒙古自治区	45 040.08	9 770.28	35 269.80	1.32	13.49
陕西省	29 034.71	20 593.68	8 441.02	0.82	8.74
宁夏回族自治区	15 202.09	32 98.93	11 903.16	1.63	15.15
云南省	62 574.52	18 668.17	43 906.35	1.45	14.18
贵州省	26 538.21	5 265.67	21 272.54	0.91	9.61
四川省	67 362.74	20 418.79	46 943.95	1.05	10.58
重庆市	24 363.45	10 568.20	13 795.25	1.14	10.35
甘肃省	25 587.12	13 429.65	12 157.47	0.95	11.81
广西壮族自治区	48 016.42	16 283.92	31 732.49	1.38	13.42
西藏自治区	2 939.25	831.71	2107.54	0.29	2.82
新疆维吾尔自治区	38 852.82	8 418.31	30 434.51	1.40	14.28
青海省	26 906.31	894.91	26 011.40	2.76	23.73
新疆生产建设兵团	1 526.14	1 168.93	357.21	0.32	3.99
西部小计	413 943.85	129 611.16	284 332.69	1.18	11.97
总 计	1 429 967.22	500 574.30	929 392.92	1.18	10.38

资料来源：根据2006～2010年最高人民检察院计财局财务决算报表整理。

二、检察装备建设方面

当前检察装备建设还存在一些亟待解决的困难与问题，检察装备建设的整体水平同检察业务快速发展不相适应的矛盾、传统的装备设施管理水平同日益繁重的工作任务不相适应的矛盾、装备保障体制同执法办案国家公共财政均等化统一保障的现代管理要求不相适应的矛盾较为突出。

（一）检察装备经费供给不够充足

从近年来检察机关装备经费保障的情况看，资金投入虽有所增加，但仍显不足。

1. 装备经费预算基数偏低

2006～2010年，国家财政预算检察装备经费收入124.79亿元，占装备总收入的87.27%，如图5－2所示。

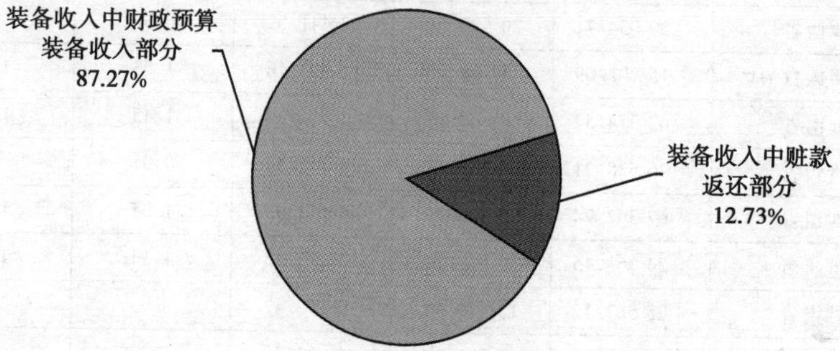

图5－2　2006～2010年全国检察机关装备收入构成分析

资料来源：根据2006～2010年最高人民检察院计财局财务决算报表整理。

2. 地方财政配套资金落实不到位

部分市县用中央和省级转移支付的装备专款抵顶本级投入，市县检察院装备总收入没有明显增长。

3. 装备投入普遍与追赃挂钩

2006～2010年，除北京市、上海市、天津市、西藏自治区外，其他省（市、自治区）检察机关的装备经费收入均与办案追赃挂钩，赃款返还占检察装备总收入年平均比重12.73%，如表5－16所示。

表 5－16　2006～2010 年全国检察机关装备经费收入构成分析

地区	人数（人）	装备费（万元）	其中				有赃款返还单位			
			赃款返还（万元）	赃款返还人均（万元）	有赃款返还单位个数（个）	赃款返还占装备费（%）	赃款返还占比 10% 以下的单位（个）	赃款返还占比 10% ~ 20% 的单位（个）	赃款返还占比 20% ~ 30% 的单位（个）	赃款返还占比 30% 以上的单位（个）
北京	20 765	42 538.71	—	—	—	—	—	—	—	—
上海	20 108	39 658.49	—	—	—	—	—	—	—	—
广东	69 747	67 964.64	10 014.15	0.14	1	14.73	—	1	—	—
福建	40 063	37 040.75	1 917.74	0.05	1	5.18	1	—	—	—
江苏	59 359	66 420.26	8 656.39	0.15	1	13.03	—	1	—	—
浙江	42 867	52 806.48	679.64	0.02	1	1.29	1	—	—	—
山东	80 261	105 820.71	17 762.47	0.22	1	16.79	—	1	—	—
天津	15 017	20 455.36	—	—	—	—	—	—	—	—
辽宁	51 772	49 338.33	8 914.59	0.17	1	18.07	—	1	—	—
东部	399 959	482 043.73	47 944.98	0.12	6	9.95	2	4	—	—
黑龙江	42 624	59 994.22	9 957.16	0.23	1	16.60	—	1	—	—
吉林	31 186	42 778.08	13 114.40	0.42	1	30.66	—	—	—	1
海南	10 425	16 478.99	711.70	0.07	1	4.32	1	—	—	—
河北	62 913	100 705.75	25 349.19	0.40	1	25.17	—	—	1	—
山西	43 803	41 031.97	2 604.84	0.06	1	6.35	1	—	—	—
河南	92 773	90 253.10	26 759.48	0.29	1	29.65	—	—	1	—
安徽	42 119	58 032.35	7 009.43	0.17	1	12.08	—	1	—	—
湖北	52 131	56 829.21	6 845.94	0.13	1	12.05	—	1	—	—
江西	34 640	29 714.09	6 574.05	0.19	1	22.12	—	—	1	—
湖南	49 570	38 161.89	9 811.26	0.20	1	25.71	—	—	1	—
中部	462 184	53 3979.64	108 737.45	0.24	10	20.36	2	3	4	1
内蒙古	34 202	45 040.08	3 569.90	0.10	1	7.93	1	—	—	—
陕西	35 430	29 034.71	1 296.76	0.04	1	4.47	1	—	—	—
宁夏	9 318	15 202.09	308.42	0.03	1	2.03	1	—	—	—
云南	43 240	62 574.52	4 292.45	0.10	1	6.86	1	—	—	—
贵州	29 281	26 538.21	2 512.97	0.09	1	9.47	1	—	—	—

续表

地区	人数（人）	装备费（万元）	其中				有赃款返还单位			
			赃款返还（万元）	赃款返还人均（万元）	有赃款返还单位个数（个）	赃款返还占装备费（%）	赃款返还占比10%以下的单位（个）	赃款返还占比10%～20%的单位（个）	赃款返还占比20%～30%的单位（个）	赃款返还占比30%以上的单位（个）
四川	64 250	67 362.74	5 540.34	0.09	1	8.22	1	—	—	—
重庆	21 442	24 363.45	1 018.80	0.05	1	4.18	1	—	—	—
甘肃	26 958	25 587.12	1 129.27	0.04	1	4.41	1	—	—	—
广西	34 765	48 016.42	4 308.92	0.12	1	8.97	1	—	—	—
西藏	10 178	2 939.25	—	—	—	—	—	—	—	—
新疆	27 678	38 852.82	1 352.64	0.05	1	3.48	1	—	—	—
青海	9 742	26 906.31	19.00	0.00	1	0.07	1	—	—	—
兵团	4 726	1 526.14	55.15	0.01	1	3.61	1	—	—	—
西部	351 210	413 943.85	25 404.62	0.07	12	6.14	12	—	—	—
总计	1 213 353	1 429 967.22	182 087.05	0.15	28	12.73	16	7	4	1

资料来源：根据2006～2010年最高人民检察院计财局财务决算报表整理。

4. 装备投入起幅较大

从全国检察机关2006～2010年装备收入平均年增幅看，增长率低于20%的有7个省，占21.88%；增长率超过20%但不满50%的有15个省，占46.88%；增长率超过50%但不到1倍的有4个省，占12.5%；增长率超过1倍的有4个省；有2个省装备收入平均增幅为负数。如图5－3所示。

5. 装备资金缺口较大

由于装备保障体制不健全，装备经费正常增长机制尚未建立，普遍存在装备资金缺口问题。

（二）检察装备设备配备不够科学

具体表现为装备配备的项目种类不全、数量偏少。在检察业务装备方面，大多仅配备了一些常规的办案设备，专用设备紧缺。如

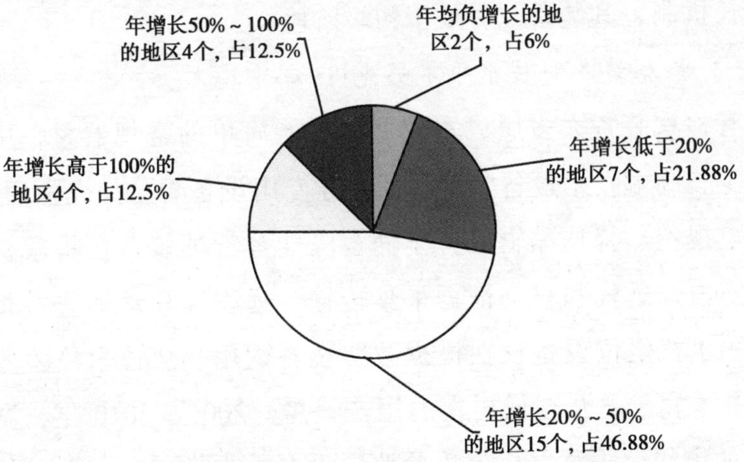

图5－3　全国检察机关2006～2010年装备经费收入年均增长情况分析

资料来源：根据2006～2010年最高人民检察院计财局财务决算报表整理。

电子取证勘察箱、便携式影像记录设备、多功能侦查取证系统等业务装备配备，市县级检察院基本上是空白。在检察技术检验鉴定装备方面，主要限于法医、司法会计、文检等传统技术门类的检验鉴定，门类不全、手段单一，技术资源匮乏。市级检验鉴定中心成立后，各类检验鉴定设备均有待更新与完善。在办公通用装备方面，不少地方最基本的办公设备仍然没有配齐。如湖北省检察系统电脑配备时间在5年以上的占33%，如果按国家电子产品管理规定的期限折旧淘汰，现电脑人均占有量仅为0.67台。在基础网络建设方面，截至2010年年底，全国7%的县级院未接入检察专线网，2%的县级院未建成局域网，0.26%的市级院和4.5%的县级院未开通视频会议系统，33.5%的检察院未建成互联网网站，密钥管理、网络管理、数据库等项目建设才刚刚起步。在人员培训装备方面，除国家检察官学院外，1994年以来经批准在九个省设立了检察官分院，分别由国家发改委划拨了启动资金，但由于后续投资未纳入国家财政保障增长机制，其装备配备处于初级阶段。

（三）检察装备科技水平不够先进

现有检察装备大多属成本较低、功能简单的常规器材，中端产品比例少、高端技术设备紧缺。从业务专用设备看，如光学照相机、红外线夜视仪、特技编辑机、车辆跟踪器等特种装备在检察机关基本还是空白，远程和移动证据采集传输、远程和移动侦查指挥、远程讯问、手机定位设备仅在极少数院装备试用。从技术检验鉴定设备看，基本属于普及型低层次的国产设备。2006～2010 年，湖北省有 93% 的市级院未添置任何检验鉴定设备，声像资料、电子物证检验鉴定等新型技术检验鉴定门类因无先进的专用设备，在市级检察院均难以建立。从基础网络设备看，应用系统相对薄弱，投资偏低。全国检察机关还没有建立相对统一、定型成熟的办案办公和综合事务管理系统。特别是安全保密体系建设滞后于信息化应用，全国 10.7% 的检察院未配备防火墙和入侵检测系统，0.8% 的检察院未配备防病毒软件。从办公通用设备看，大多数是传统的低档装备，自动化程度较低。

（四）检察装备保障不够平衡

1. 东、中、西部地区差异仍然明显

以年人均装备经费收入为例：2006～2010 年，东部地区年人平均 1.21 万元，中部地区年人平均 1.16 万元，西部地区年人平均为 1.18 万元，东部地区年人平装备总收入分别高出中部地区 0.05 万元、高出西部地区 0.03 万元。从年人平装备经费支出情况看：2006～2010 年，东部地区年人平均 1.06 万元，中部地区年人平均 1.15 万元，西部地区年人平均为 0.91 万元，中部地区年人平装备总支出分别高出东部地区 0.09 万元、西部地区 0.24 万元。

如表5－17、表5－18所示。

表5－17　全国检察机关2006～2010年装备经费年人均收入情况分析

地　区	人数（人）	装备费（万元）	人均（万元）	排序	2万元以上的单位（个）	1万～2万元的单位（个）	1万元以下的单位（个）
北京市	20 765	42 538.71	2.05	2	1	—	—
上海市	20 108	39 658.49	1.97	3	—	1	—
广东省	69 747	67 964.64	0.97	21	—	—	1
福建省	40 063	37 040.75	0.92	26	—	—	1
江苏省	59 359	66 420.26	1.12	18	—	1	—
浙江省	42 867	52 806.48	1.23	16	—	1	—
山东省	80 261	105 820.71	1.32	14	—	1	—
天津市	15 017	20 455.36	1.36	13	—	1	—
辽宁省	51 772	49 338.33	0.95	23	—	—	1
东部小计	399 959	482 043.73	1.21	—	1	5	3
黑龙江省	42 624	59 994.22	1.41	8	—	1	—
吉林省	31 186	42 778.08	1.37	12	—	1	—
海南省	10 425	16 478.99	1.58	6	—	1	—
河北省	62 913	100 705.75	1.60	5	—	1	—
山西省	43 803	41 031.97	0.94	25	—	—	1
河南省	92 773	90 253.10	0.97	22	—	—	1
安徽省	42 119	58 032.35	1.38	11	—	1	—
湖北省	52 131	56 829.21	1.09	19	—	1	—
江西省	34 640	29 714.09	0.86	28	—	—	1
湖南省	49 570	38 161.89	0.77	30	—	—	1
中部小计	462 184	533 979.64	1.16	—	0	6	4
内蒙古自治区	34 202	45 040.08	1.32	15	—	1	—
陕西省	35 430	29 034.71	0.82	29	—	—	1
宁夏回族自治区	9 318	15 202.09	1.63	4	—	1	—
云南省	43 240	62 574.52	1.45	7	—	1	—
贵州省	29 281	26 538.21	0.91	27	—	—	1
四川省	64 250	67 362.74	1.05	20	—	1	—

续表

地　区	人数（人）	装备费（万元）	人均（万元）	排序	2万元以上的单位（个）	1万~2万元的单位（个）	1万元以下的单位（个）
重庆市	21 442	24 363.45	1.14	17	—	1	—
甘肃省	26 958	25 587.12	0.95	24	—	—	1
广西壮族自治区	34 765	48 016.42	1.38	10	—	1	—
西藏自治区	10 178	2 939.25	0.29	32	—	—	1
新疆维吾尔自治区	27 678	38 852.82	1.40	9	—	1	—
青海省	9 742	26 906.31	2.76	1	1	—	—
新疆生产建设兵团	4 726	1 526.14	0.32	31	—	—	1
西部小计	351 210	413 943.85	1.18	—	1	7	5
总计	1 213 353	1 429 967.22	1.18	—	2	18	12

资料来源：根据2006~2010年最高人民检察院计财局财务决算报表整理。

表5-18　全国检察机关2006~2010年装备经费年人均支出情况分析

地　区	人数（人）	装备费（万元）	人均（万元）	排序	1万元以上的单位（个）	1万元以下的单位（个）
北京市	20 765	31 456.23	1.51	3	1	—
上海市	20 108	21 420.76	1.07	16	1	—
广东省	69 747	59 756.60	0.86	23	—	1
福建省	40 063	34 992.26	0.87	22	—	1
江苏省	59 359	67 549.58	1.14	13	1	—
浙江省	42 867	45 456.55	1.06	17	1	—
山东省	80 261	100 415.64	1.25	10	1	—
天津市	15 017	12 745.27	0.85	24	—	1
辽宁省	51 772	50 160.77	0.97	19	—	1
东部小计	399 959	423 953.66	1.06	—	5	4
黑龙江省	42 624	60 372.39	1.42	6	1	—
吉林省	31 186	51 094.39	1.64	2	1	—
海南省	10 425	15 251.42	1.46	4	1	—
河北省	62 913	90 015.67	1.43	5	1	—
山西省	43 803	38 844.47	0.89	21	—	1

续表

地　区	人数（人）	装备费（万元）	人均（万元）	排序	1万元以上的单位（个）	1万元以下的单位（个）
河南省	92 773	90 171.66	0.97	18	—	1
安徽省	42 119	59 285.69	1.41	7	1	—
湖北省	52 131	56 972.45	1.09	14	1	—
江西省	34 640	32 246.01	0.93	20	—	1
湖南省	49 570	38 138.20	0.77	26	—	1
中部小计	462 184	532 392.35	1.15	—	6	4
内蒙古自治区	34 202	40 487.24	1.18	12	1	—
陕西省	35 430	21 914.87	0.62	30	—	1
宁夏回族自治区	9 318	12 856.92	1.38	8	1	—
云南省	43 240	55 808.03	1.29	9	1	—
贵州省	29 281	20 717.19	0.71	28	—	1
四川省	64 250	45 988.93	0.72	27	—	1
重庆市	21 442	23 428.05	1.09	15	1	—
甘肃省	26 958	16 676.15	0.62	29	—	1
广西壮族自治区	34 765	26 777.32	0.77	25	—	1
西藏自治区	10 178	2 738.74	0.27	32	—	1
新疆维吾尔自治区	27 678	32 851.07	1.19	11	1	—
青海省	9 742	16 123.23	1.66	1	1	—
新疆生产建设兵团	4 726	2 638.21	0.56	31	—	1
西部小计	351 210	319 005.95	0.91	—	6	7
总　计	1 213 353	1 275 351.96	1.05	—	17	15

资料来源：根据2006～2010年最高人民检察院计财局财务决算报表整理。

2. 同省的市、县级检察装备保障差异较大

以2010年湖北省124个检察院的装备经费保障情况为例：检察装备年人均经费支出1万元以下的单位27个，占21.77%；1万～2万元的单位46个，占37.1%；2万～3万元的单位41个，占33.1%；3万～4万元的单位7个，占5.65%；4万～5万元的单位1个，占0.81%；5万元以上的单位2个，占1.61%。最高的襄樊

城郊院年人平装备经费支出5.97万元，高出全省年人平均4.32万元。如图5－4所示。

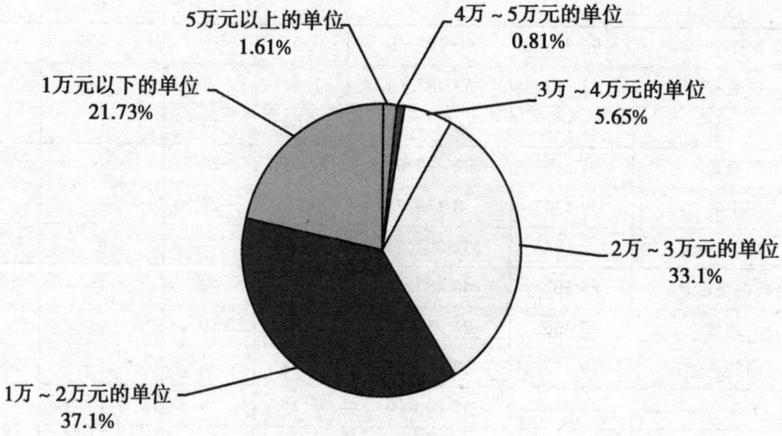

图5－4　湖北省检察机关2010年装备经费年人均支出情况分析

资料来源：根据2006～2010年最高人民检察院计财局财务决算报表整理。

3. 与公安机关技术装备保障差距大

特别是在技术检验鉴定方面，公安部物证鉴定中心拥有一批现代化检验鉴定仪器设备，专业技术检验鉴定门类齐全，其DNA鉴定的单项检测技术水平居世界前列，电子物证鉴定处可对计算机、手机删除信息以及毁损手机中存储信息进行恢复。而高检院2007年才启动建设物证检验鉴定中心，与公安机关的技术装备保障水平仍存较大差距，这种差距到市一级更加明显。

4. 与垂管部门装备保障差距大

如湖北省国税、海关等垂管部门对使用满10年或行程超过30万公里的车辆一律更新；国税系统近几年投入信息化建设资金年均7 000万～8 000万元，高于检察系统的信息化建设资金投入水平。

5. 装备门类发展不协调

从检察系统各内设机构装备分布情况看，有些必备的办案办公设备难以到位，特别是在县级院较为普遍。

湖北省公安厅刑侦总队刑事技术处和刑事技术科研所也设置了8个（法医、DNA鉴定、理化、痕检、文检、影像、心理测试、警犬等）专业门类，2007年投入800万元购置检验鉴定设备，另投入600万元建设指纹库系统。武汉市公安局投资9 000万元建设了全国一流的刑事侦查指挥中心（其中大楼建设6 000万元，仪器设备3 000万元），并同步配备刑侦技术装备。

（五）检察信息化建设困难较多

近年来，全国检察机关大力推进检察信息化建设，使"信息化"成为检察工作的又一次革命。但从现实情况来看，检察信息化建设道路上仍然困难重重。

1. 基础理论研究相当薄弱

缺乏对这项具有开创性工作进行系统、深入、科学的研究，无法对检察信息化建设提出科学的指导性意见。

2. 项目建设缺乏统筹规划

各地信息化建设项目大多为自行组织建设，由此也带来了种种不合理现象。如项目设计五花八门、项目对接困难、项目特点不鲜明、优点不突出等。

3. 脱离客观实际盲目发展

少数检察院在信息化建设上重先进、轻实用，盲目追求新装备，造成了信息化资源的浪费。

4. 是软件开发滞后使用效率低

近年来，尽管检察机关自行研发了一些办公、办案软件，但是软件差额仍然很大，软件开发水平还不够高，不能满足实际需求。同时，软件开发出来后，推广不力，应用也不够充分。

5. 信息化资源整合不力

目前，检察网络没能与法院、公安、审计、工商、税务等机关和部门网络实现信息互享，造成大量信息资源的闲置或浪费。

6. 安全保密问题堪忧

在缺乏统筹、各起炉灶的开发格局下，检察机关信息化建设受自身技术力量的限制，只能依靠和各种软件开发公司、技术设备供应商合作的方式来完成，而检察业务具有很高的保密要求，对什么样的公司能够参与检察机关的信息化建设合作，缺乏必要的审查标准和审查程序，所带来的最大问题是安全和保密。

三、检察基础设施建设方面

几年来，检察机关基础设施建设虽然取得了很大成绩，但从基础设施建设和管理维护的实际来看，仍然存在一些突出问题。

（一）地区发展差异大

东部经济发达地区的检察机关办案用房和专业技术用房建设，普遍采取了整体搬迁新建，在标准和规模上，按照办案用房和专业技术用房建设标准的上限进行建设，且充分考虑了功能和布局的适度前瞻，建设的质量和水平较高。中、西部经济欠发达地区检察机关的办案用房和专业技术用房建设，大多数是在原办公或办案用房的基础上进行改扩建，建设的标准和规模一般都以办案用房和专业技术用房建设标准的下限进行建设，立足于经济适用，尤其是在少数地方，因存在立项难、征地难、落实投资难的问题，至今无法启动办案用房和专业技术用房建设，与东部地区相比差距比较明显。

（二）维护经费缺口大

检察机关办案用房和专业技术用房建成后，维修管理经费缺口较大，产生了新的经费负担。从已建成的检察官学院分院来看，由于资金来源渠道的不确定性和不稳定性，日常运转和维护也成了很大的困难。中办、国办发厅字［2009］32号文件规定，基础设施维修经费由同级政府负担，但在中西部欠发达地区的检察机关尤其是基层检察机关，受地方经济条件制约，这些经费难以保障到位。

（三）办案用房和专业技术用房建设投入不足

检察基础设施建设资金采取中央补助、地方配套、检察机关自筹相结合的办法，普遍存在资金缺口，负债较重。据统计，截至2009年年底除北京、上海外，其余30个省区市检察机关均有基建欠款，总额达63亿多元，其中欠款最多的省达到6.68亿元。

（四）改扩建任务重

近年来，检察机关对办案用房和专业技术用房的用房需求和功能都发生了很大的变化，新修订的办案用房和专业技术用房标准，根据新任务、新要求，适时进行了调整。今后一个时期内，全国检察机关尤其是省、地（市）级院以及中西部经济欠发达地区的基层院改扩建办案用房和专业技术用房的任务较为繁重。另外，检察官学院分院的数量和规模还很不适应检察教育培训任务的需求，还处于严重缺乏状态，而且目前已经建成或在建的地方分院，在校园布局和功能等方面也存在着不科学、不合理、不规范的现象，所以新建、改扩建国家检察官学院分院的任务量也非常大。

（五）赃款返还解决基础设施建设经费问题仍然存在

2006~2010年，全国检察机关靠赃款返还解决基础设施建设经费21.24亿元，占建设经费总投入17.08%，其中东部地区为11.95%，中部地区23.07%，西部地区为16.82%。赃款返还成为基础设施建设经费的一个重要来源。如图5－5所示。

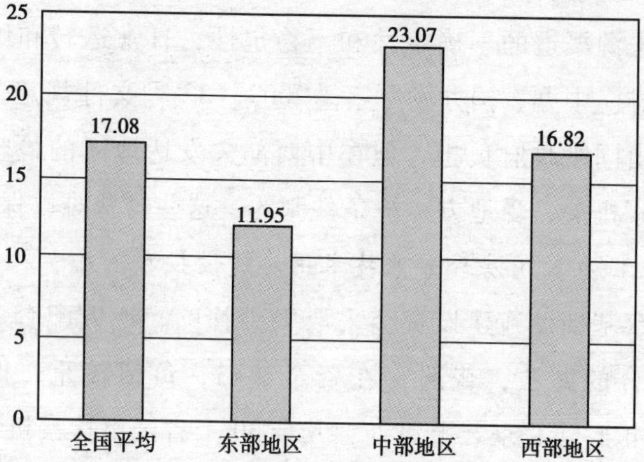

图 5－5　全国检察机关基础设施建设中赃款返还的比例（%）

资料来源：根据 2006～2010 年最高人民检察院计财局财务决算报表整理。

四、检务保障队伍方面

当前，检务保障队伍还不能完全满足检务保障工作的实际需要，存在一些不容忽视的薄弱环节和问题：

（一）机构设置不统一

从高检院到基层院，检务保障部门机构设置不一致，有的单设了保障机构，有的与办公室混编，有的只明确专职人员，有的与机关服务中心合并在一起，上下机构不统一，领导关系不顺畅，工作职能互相交叉，影响了检务保障工作的开展。以湖北省为例，全省 126 个检察院中，设置了专门计财装备机构的有 67 个，占 53.17%，没有设置专门计财机构的有 59 个，占 46.83%。机构名称也不统一，省院设“计划财务装备处”，市县两级院有的设“计财处（科）”，有的设“行政装备处（科）”，机构名称不能准确反映职能任务。如图 5－6 所示。

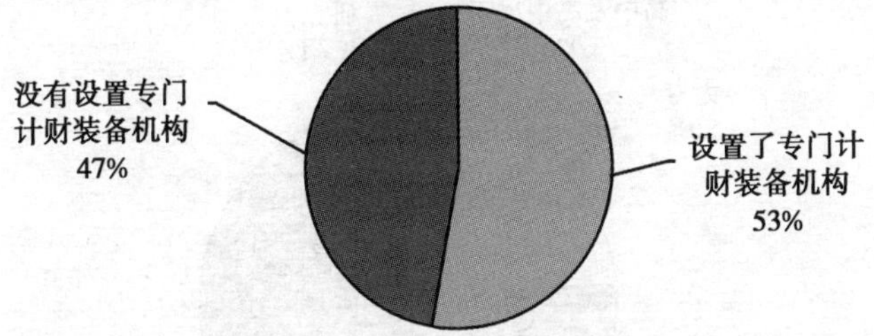

图5-6　湖北省检察机关计财装备机构设置情况分析

（二）人员结构不合理

全国检察机关计财装备人员构成复杂，大多是军转干部、没有通过司法考试的干部、未取得政法编制的人员或不适合到办案一线的干警。以湖北省检察机关为例，全省计财装备人员485人，其中军转干部占32%，没有通过司法考试的干部占68%，未取得政法编制的人员占12%，不适合到办案一线的干警占38%。从内部结构上看，湖北省各级检察机关中，配置了专职会计人员的仅有54个，占42.86%，没有配置专业会计人员的72个，占57.14%。从所学专业上看，财务、工程管理、行政管理等专业毕业的仅有125人，占26%。从学历上看，具有研究生学历7人，大学本科362人，大学专科97人，高中及高中以下19人，分别占总人数的1.44%、74.64%、20%、3.92%。从年龄结构上看，35岁以下的85人，36~49岁286人，50岁以上114人，分别占总人数的17.53%、58.97%、23.5%。专业人才的缺乏、学历偏低、年龄偏大等结构性障碍，成为检务保障队伍建设的“瓶颈”。如图5-7、图5-8所示。

（三）综合素质不够高

1. 专业知识不扎实

在一些基层院，有的财务人员经常出现科目设置不科学、会计

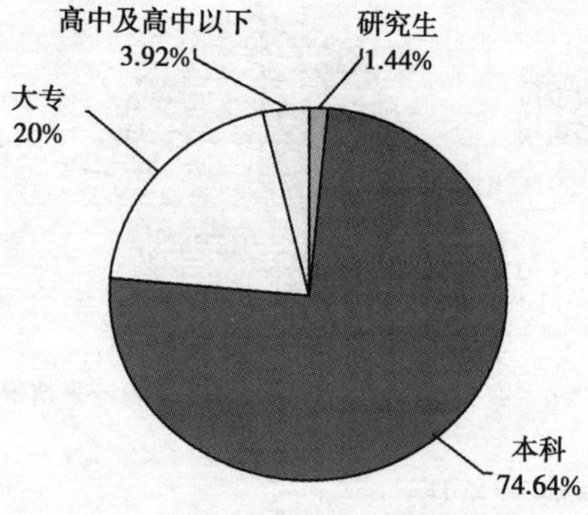

图5-7　湖北省检察机关计财装备队伍学历结构

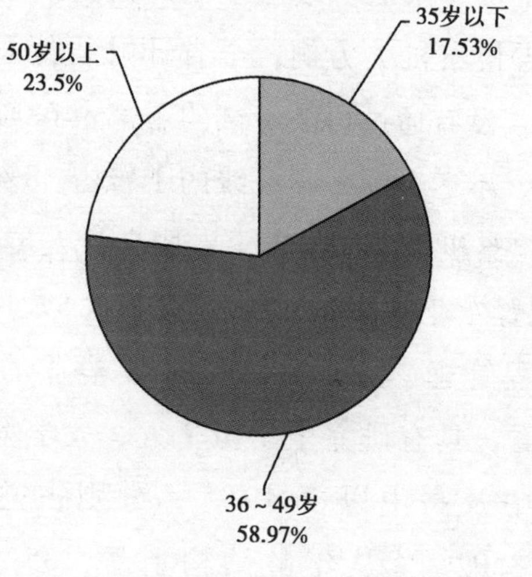

图5-8　湖北省检察机关计财装备队伍年龄结构

账簿不完整、对财务制度和规定一知半解等现象。有的"办案用房和专业技术用房"建设管理人员对工程建筑的基本知识不了解，谈不上工程管理。

2. 知识面较窄

不少检务保障人员的知识面仅限于单项工作，对其他知识特别是现代管理知识学习掌握较少，达不到"一专多能"的要求。还有一些从事后勤工作的人员，不善于把感性的东西上升到理性的高度，不注意总结经验教训，形不成自己的观点和思路。

3. 敬业精神不够强

主要是一些后勤人员工作热情不高、标准低，不愿管、不敢管。有的认为“后勤管理是服侍人的差事”，有的担心严格管理会导致上级穿“小鞋”、同级“丢选票”、下级“留骂名”，不敢较真碰硬，见困难就躲，见矛盾就让。有的习惯于领导让干啥就干啥，让咋干就咋干，缺少积极性、主动性，成天忙于具体事务，对检务保障新知识、新政策、新理论学习研究不够，对工作缺乏深层次思考和探究，对检务保障工作规律把握不准、认识不够。

第三节 当前中国检务保障存在问题的根源

当前中国检务保障工作中确实存在着诸多问题，究其根源，既有观念上的误区，也有体制和机制上的障碍，还有管理等方面的原因。

一、思想认识上的几种偏向

（一）对检务保障建设的地位作用认识不到位

有的领导对检务保障建设的内涵、指导思想、目标任务等还存在模糊认识，没有厘清检务保障建设与检察业务建设、检察队伍建设之间的内在联系，尚未把检务保障建设与检察业务、检察队伍建设摆在同等重要的位置。有的领导不能从事关全局、事关长远、事关根本的高度，认识加强和改进检务保障工作在检察工作大局中的突出意义和作用，在检务保障工作中组织领导不力，难以推动检务保障建设更好更快发展。

（二）对检务保障建设的形势任务认识不到位

中办、国办［2009］32号文件回答的是关于检务经费“靠谁保障、怎样保障、保障达到什么水平”等重大问题，是当前检察机关检务保障建设的纲领性文件。少数领导对检务保障建设的方针政策、文件精神，吃不透、把不准、见事迟、行动缓。反映到工作实践中，就表现为认识不深、思路不宽，推动检务保障建设的主动性、积极性和创造性不够。还有的没有清醒认识经费保障不足、装备建设落后、基础设施建设推进缓慢等现实问题对检察工作的影响和制约，等、靠、要的思想依然存在，不能主动出击，去寻找解决检务保障建设中突出问题的有效办法。

（三）对检务保障建设的规律认识不到位

有的领导和同志在检务保障建设过程中，没有充分认识和正确处理加大投入和科学配置、重点突破与整体推进、追求先进与经济实用、财物投入与人力资源配置之间的关系，导致检务保障建设不能全面协调可持续发展。如一味要求加大检察经费和装备投入，而忽视经费、装备等资源的管理使用和科学配置，导致资源闲置、浪费；有的只重视经费保障和检察装备，忽视基础设施建设，导致检务保障建设不能整体推进；有的只重视车辆交通装备建设，而对信息化建设缺乏足够认识，导致检察信息化建设滞后；有的认为信息化建设就是简单的技术累加、检察信息化建设就必须购置高科技装备，在建设中不结合实际，急功近利、贪大求全，铺的摊子大、投入的经费多、设备先进一流，但是使用效率低，发挥作用小；有的检察院有重“硬”轻“软”的倾向，在检务保障建设中只重视“物质”，没有把“人”作为首要目标来优先考虑，忽视专业人才的引进和对干警科技素质的培养，导致设备无人使用或使用率不高。

二、体制上的弊端

（一）宪政框架内人大对公众资源监督合理分配的功能不足

宪法规定，我国的政治体制是人民代表大会制度。检察机关由人民代表大会产生，并对人民代表大会负责，人民代表大会代表人民行使国家权力。由于种种原因，长期以来同级人大审议“一府两院”报告时，既无对检察机关的财务预算情况的审议内容，也无对财务运行情况的审议议程，这是最高权力机关履行宪政权力的明显缺陷。

（二）财政预算法律规定缺失

作为法律监督主体的检察机关，可以依法独立行使检察权。但是《中华人民共和国预算法》并未单列财政预算来保障检察权的实施。《人民检察院组织法》对检察机关财政来源也没有作出明确规定。《预算法》和《人民检察院组织法》对检察院财政预算相关规定的缺失，导致法律监督机关被赋予的社会功能与功能实施所必备的条件之间存在着错位。

（三）中央事权与财权相统一的保障体制未建立

随着财政改革的不断深入，检察机关的经费保障受到财政制度的强烈冲击。根据我国公共财政管理理论，检察机关是按行政单位管理方式进行财政管理，执行的是行政单位会计制度和行政单位财务规则，检察经费支出属于公共财政的范畴。按财政改革的指导思想和现代公共财政理论，检察经费应全部由国家财政支付。但是，在现行的检察保障体制下，检察机关人员经费、日常公用经费、办公基础设施建设经费和各类基础设施维修经费由同级财政负担，办案业务经费、业务装备经费及业务基础设施建设经费由中央、省级和同级财政分区域按责任负担，各类经费保障均不同程度依赖和受制于地方，这与中央事权不相一致。

三、机制的不健全

（一）与经济社会发展相适应的经费增长机制缺失

近年来，国民经济飞速发展，国家财政税收快速增长，人均消费水平不断提高。但是，检察机关办公办案经费、装备建设经费、各项津贴待遇仍然沿用过去的标准，与财政增幅相适应的检察经费正常增长机制尚未建立，导致经费保障无法跟上时代发展的步伐，满足不了检察机关实际保障需要。

（二）与检察官法相衔接的工资津贴保障机制缺位

《中央政法委关于司法体制几项重要改革的安排意见》，把“建立政法干警不同于一般公务员的工资、津贴和待遇标准，鼓励干警和高素质人员到基层和经济欠发达地区工作”作为四项改革的主要内容之一。目前，此项改革尚未取得实质性进展。

（三）各类标准体系建设不完备

1. 现行检察装备建设标准不够完善

一方面是系统性不够强。如在业务装备配备方面，《县级人民检察院基本业务装备配备指导标准（试行）》出台后，各省级业务装备配备的实施标准还在研究之中，实践中主要依据高检院《人民检察院器材设备配备纲要》《人民检察院2008～2010年科技装备发展规划纲要》《2009～2013年全国检察信息化发展规划纲要》《2009～2013年人民检察院司法鉴定实验室建设规划》《地方各级人民检察院业务用车编制标准》《人民检察院司法警察装备配备暂行规定》

《2000 式检察服工艺技术标准（修订)》等，公务用车依照国家和当地政府的有关规定配备，枪支与司法警察服装参照公安机关执行，检察人员培训装备还未纳入其中，总体上还没有形成较为完整的检察装备配备标准体系。另一方面是统一性不够强。有关检察装备配备的标准与规定均不同程度地体现了装备建设“属地管辖”倾向。再有，操作性不够强。现有装备配备标准和相关规定大多仅限于提出装备配备项目，有的对装备配备的项目、数量、功能虽有所涉及，但有待细化。

2. 现行检察基础设施建设标准不够完善

新修订的“办案用房和专业技术用房”建设标准在涵盖范围上，只明确了县级以上检察机关的“办案用房和专业技术用房”建设，没有将乡镇检察室、国家检察官学院及地方分院的“办案用房和专业技术用房”建设纳入其中；在建设规模上，只对省级院、地市级院的用房项目和面积指标进行了较大调整和增加，而对基层院只是调整完善了用房项目，面积没有明显提高。新发布的“分院”建设标准只明确了省级检察机关教育培训机构的建设标准，没有明确地市级培训机构的建设标准。标准体系的不完善，不利于检务保障工作的全面协调发展。

（四）科学合理的人才引进与使用机制不配套

1. 人才引进机制不够科学

现行的检察机关进人渠道主要有组织安排和公开招考。组织安排仅限于领导干部，奇缺人才的引进只能依靠公开招考。由于检察机关公开招录公务员进入门槛高，引进检务保障建设的专门性人才相对困难。如湖北省检察机关 2006 年以来通过组织部门招考检察人员的条件是：法律专业、研究生学历、通过司法考试，有时还限定必须从选调生中招录。这样的条件，想引进财会、信息技术等从事保障工作的人才非常困难。一方面，学习财会、信息技术的大学生通过司法考试者寥寥无几，够不着报考条件；另一方面，即便取消“通过司法考试”的限制，这类人才也往往担心在检察机关无法进入检察官序列而不愿报考。

2. 用人机制不够科学

计划财务装备人员和检察信息技术人员与其他领域的技术人员相比，要求更高、管理更严、责任更重、工作更累。因检察机关工程技术职务序列设置尚属空白，技术人员政治待遇和物质待遇不能落实，很容易造成人才“跳槽”。有的检察院在人才使用上也不尽合理，技术人员被长期安排在非技术岗位工作，造成技术人员学非所用，难以发挥应有的作用。

四、管理的不科学

（一）经费运行不够规范

经费是基础，使用是关键。从检察保障经费的实际运行情况来看，有些检察院在经费使用不能按照“确保重点、兼顾一般”要求统筹安排经费支出。比如有的检察院注重添置车辆、电脑，对网络办案装备则很少顾及；有的长于建设各级专线网络，不断添置信息装备，但对信息安全保障设备配置不够，存在泄密隐患；有的地方专款不能专用，拆西墙补东墙，使有限的经费被截留、挤占、挪用。究其原因，就在于经费运行缺乏必要的规划、管理和监督。

（二）罚没收入监管不到位

现行罚没收入管理存在较大缺陷，未将罚没收入真正作为中央财政收入，也未真正实现收入与支出彻底脱钩。管理方式上，名义上是上缴国库，实际上是纳入综合预算，成为地方财政的“精养鱼池”。结算方式上，是中央同地方冲抵一般转移支付、专项补助。地方对罚没收入的掌控、调剂余地很大，以致一些地方将其作为弥补人员经费不足，以及安排业务经费、装备费用的主要来源。有的地方实行账面收支脱钩，追缴的涉案款转个圈又回到检察机关，以致助长乱扣乱追、违法执法。

（三）资源配置不够优化

欠发达地区受财力限制，无法配备必要的检察装备，而发达地区财力充足，往往挤占欠发达地区装备配备指标。少数地方还存在按职务配备装备资源的现象，尤其是在车辆配置等方面，直接导致了公车私用、公物私用。

（四）设备使用、管理、维护不规范

很多单位忽视了对现有技术装备的运用、管理和维护，致使设备闲置、损坏、丢失，发挥不出应有作用。

第四节　当前中国检务保障问题的现实影响

检务保障中存在的问题，对检察工作开展造成了很大影响，主要体现在以下几个方面。

一、保障资源配置不均衡

在现有配置方式下，各地检察机关检务保障资源的多寡很大程度受制于地方经济发展状况。经济条件好的地区，检察机关检务保障资源相对充足，经济欠发达地区和“老少边穷”地区检察机关则因保障不足导致工作无法正常运转。

（一）在经费资源保障方面

实行“分级管理，分级负担”的检务经费保障制度，大城市、发达地区检察机关经费充足，人均经费是其他地区的十几倍甚至几十倍，广大农村特别是“老少边穷”地区的部分检察机关连业务经费都要自筹，不得不“以案养案”。

（二）在装备资源保障方面

经济发达地区检察院拥有几十乃至上百台业务、公务车辆，其他检务设备一应俱全。而经济欠发达地区和“老少边穷”地区检察院有的连电脑、打印机等最基本的装备都满无法配齐。

（三）在信息资源保障方面

全国大部分检察院都建立了专线网络，实现了网络办案。仍有部分检察院受经费保障的制约，已经建立起来的专线网络因缺乏维护经费而成为摆设。

（四）在人员保障方面

经济发达地区检察院由于保障状况好、工资待遇高、工作环境优，能够根据工作需要大批引进学历层次高、年龄和专业结构合理的各类人才。因为保障到位，干警基本都能“安居”且“乐业”。而经济欠发达地区和“老少边穷”地区检察院则由于保障状况差、工资待遇低、工作环境差，吸引不了人才，甚至连现有人才也留不住，导致人才严重匮乏。

二、执法公信力降低

（一）受利益驱动办案屡禁不止

由于经费保障不足，“收支两条线”明脱暗挂，导致部分检察院为了保运转、求生存，在办案时不得不将追赃挽损放在工作第一位去考虑，忽略了办案法律效果与社会效果的统一。个别检察院甚至为了追求经济利益，越权办案，追缴违纪资金，或者有利可图的案件争着办、无利可图甚至“亏本案件”推着办。还有少数检察院变相拉赞助、接受捐赠等。这些现象都影响检察机关形象，降低了执法公信力。

（二）办案质量难以提升

由于办案经费保障不到位，一些职务犯罪案件线索不得不搁浅，一些有影响的携款外逃案件因办案经费紧缺而无法组织追逃，有些刑事案件和诉讼法律监督案件需要核实复查的，由于经费紧缺，也只好久拖不办或敷衍塞责。这些都直接影响办案质量和效果，降低检察机关执法公信力。

（三）检察干警工作积极性受到影响

检察人员工资、津贴待遇不均等，地区差异大，同工不同酬，致使部分干警心理不平衡，在工作中精神状态不佳、工作劲头不足、工作作风不实、对待群众不友好，影响检察机关执法公信力。

三、影响检察机关依法独立行使检察权

检察权是宪法赋予的一种国家权力。在现行检务保障体制下，关系到检察工作能否正常运转的基础设施建设、物质装备条件以及检察干警的衣、食、住、行等基本需要，其调控权都掌握在同级地方政府手中。在这种权力格局下，检察权不可避免地被地方行政权所分割。各级检察机关由于“人财物”依赖于地方政府，致使检察权在某种意义上成为地方行政权的附属，在客观上损害了我国法制的统一性，影响了检察权依法独立行使。在实践中，还时常出现一些地方党委为了保护本地利益，以党委的名义对案件施加影响，使

检察机关不能独立行使检察权。

第五节　加强和改进检务保障工作的对策建议

一、进一步深化对检务保障的认识

检察机关的检务保障工作，必须坚持以科学发展观为统领，紧紧围绕检察工作的主题和总要求，牢固树立为检察事业科学发展服务的理念，转变不适应科学发展观的思想观念。要从确保检察事业全面协调可持续发展的高度，充分认识检务保障建设的重要意义，从思想认识、工作部署、机构建设、队伍建设等方面，全面加强和改进对检务保障工作的组织领导，推动检务保障建设更好更快发展。要树立为检察工作大局服务的思想，更加全面、准确地认识和把握检务保障建设的发展方向，努力实践“服务到位，保障有力，管理严格”的总要求，实现检务保障建设的科学发展。

二、建立国家统一保障检察机关经费的体制

检察权是中央事权，由国家提供均等化统一保障的体制和机制是实现司法公正、维护国家法制的统一、尊严与权威、建立公正高效权威的司法制度的基本保证。必须将检务保障纳入国家公共财政均等化统一保障体制内，实行全国检察机关的经费由国家计划单列，财政统一拨款，并立法保障，实现中央司法事权与财政保障的有机统一。具体而言，就是全国检察机关的人员、公用、装备及设施建设经费全部纳入中央财政预算，实行国家统一保障。根据预算法的规定，最高人民检察院作为中央的部门预算单位，负责对其所属的全国各级人民检察院及专门检察院的年度预算及调整、决算提出编

制草案，通过财政部提请国务院核准，并由国务院提交全国人大审查批准。最高人民检察院会同财政部按照审查批准的预算、决算组织执行。

三、建立健全检务保障配套机制

要积极建立与公务员法相衔接、体现检察官法等规范管理要求的人员工资、津补贴、待遇保障标准体系，提升人员经费保障水平。要建立检察公用经费保障标准体系、检察装备配备标准体系、基础设施建设保障标准体系，使相关经费保障满足检察工作发展需求。要建立与经济社会发展相适应的正常经费增长机制，使经费保障保持正常增长速度。要建立“收支两条线”财政管理体制，真正实现“收支脱钩”。要建立检务保障监管与考评机制，通过合理配置、严格管理、强化监督、科学评价，提升经费装备的使用效益。

四、加强检务保障队伍建设

建立健全检务保障人才引进、培养、管理机制，不断壮大检务保障队伍，努力提升队伍专业化水平，逐步优化人才资源配置，吸引和留住专业技术人才。

第六章 “十二五”及今后一个时期深化检务保障体制改革的总体思路和基本要求

【学习目的和要求】

- 了解“十二五”及今后一个时期深化检务保障体制改革的形势任务和背景条件
- 掌握“十二五”及今后一个时期深化检务保障体制改革的总体思路、目标任务、基本原则、方案选择
- 理解“十二五”及今后一个时期深化检务保障体制改革需要处理的重大关系
- 理解“十二五”及今后一个时期深化检务保障体制改革需解决的重大问题
- 了解“十二五”及今后一个时期深化检务保障体制改革应当推进的重大项目

科学确立“十二五”及今后一个时期深化检务保障体制改革的总体思路和基本要求，对于加强和改进新时期检务保障工作，推进检察工作科学发展具有重要意义。本章以调研分析作为研究的基本

方法和路径，从调查“十一五”时期检务保障的基本情况入手，深入剖析检务保障取得的成效和存在的问题，深入分析“十二五”及今后一个时期检务保障工作面临的形势任务、机遇与挑战，从而构建深化检务保障体制改革的总体框架，并厘清深化改革需处理的重大关系、需解决的重大问题以及应推进的重大项目，以供决策层参考。

第一节 “十二五”及今后一个时期深化检务保障体制改革的形势任务和背景条件

准确把握“十二五”及今后一个时期检务保障工作的形势任务和背景条件，是科学确立深化检务保障体制改革总体思路和基本要求的重要前提。

一、形势与任务

“十二五”及今后一个时期，我国发展仍处于可以大有作为的重要战略机遇期，检察工作正处于发展的关键时期。深化检务保障体制改革、不断提高检务保障水平，是健全完善中国特色社会主义检察制度、推动人民检察事业发展进步、保障检察机关全面履行法律监督职能的迫切需要。从检察工作面临的新形势新任务来看，“十二五”及今后一个时期检察工作面临对敌斗争更加尖锐复杂、经济领域矛盾纠纷不断显现、人民内部矛盾多样多发、刑事犯罪高位运行、职务犯罪仍然易发多发等新的形势，检察机关在维护国家安全、服务经济社会发展、维护社会和谐稳定、推进反腐败斗争深入发展、提升自身执法能力与水平等各方面的责任更加重大、任务更加繁重，迫切需要深化检务保障体制改革，加强和改进检务保障工作。从推动检察工作科学发展看，在检察工作中，业务工作是中心，队伍建设是根本，检务保障是基础，三者相辅相成。检察工作科学发展要求统筹处理好业务建设、队伍建设、保障建设的关系，形成更为合理的工作格局。在当前业务建设、队伍建设积极推进并不断取得新成果的情况下，检务保障相对滞后、薄弱的问题日益显现。检务保障体制必须与检察业务建设、队伍建设的形势与任务相适应，使检务保障与业务工作、队伍建设协调发展。从落实公正廉洁执法的要求看，检察机关加强自身建设，增强执法能力与提高执法水平，提高执法公信力任务繁重，需要建立与之相适应的检务保障体制；特别是对利益驱动导致的执法不严不公、为钱办案等问题，需要通过改善检务保障消除深层诱因。从检务保障体制的运行规律看，中办、国办已出台推行的分级负责、分类负担的保障模式及其运行机制，对于推动检察事业科学发展、促进公正廉洁执法具有重大作用，但仍未能跳出传统的保障模式，检察经费保障仍然依赖和受制于地方，区域性差异明显，根除检务保障的体制性障碍、机制性缺陷任务艰巨。

二、工作基础

“十一五”时期特别是2009年分类负担保障政策实施以来，检察机关在党中央、国务院的正确领导下，在各级党委政府的大力支持下，检务保障和执法条件不断改善。主要体现在以下方面。

（一）检察经费保障水平不断提高

2006~2010年，全国检察机关（含各省、市、自治区、新疆生产建设兵团，不含最高人民检察院本级。下同）经费总收入年均增长率为19.67%，经费总支出年均增长率为19.01%。如表6-1所示。

表 6－1　全国检察机关 2006～2010 年经费收入支出明细

年　度	人数（人）	本年总收入（万元）	年均增长率（%）	本年总支出（万元）	年均增长率（%）
2006 年	217 736	1 788 053.70	—	1 758 074.41	—
2007 年	238 240	2 435 618.14	36.22	2 410 551.10	37.11
2008 年	242 981	2 774 593.54	13.92	2 749 095.58	14.04
2009 年	253 513	3 150 939.92	13.56	2 994 878.64	8.94
2010 年	260 882	3 623 614.30	15.00	3 472 084.45	15.93
合计	1 213 353	13 772 819.60	19.67	13 384 684.18	19.01

资料来源：根据最高人民检察院计财局财务决算报表整理。

（二）检察经费收入与支出结构基本稳定

2006～2010 年，全国检察机关人员经费（包括工资、津补贴、其他）、公用经费（包括日常公用经费、检察业务经费）、装备费（包括检察业务类、技术检验鉴定类、综合办公类、基础网络类和人员培训类等经费）的收入结构比例每年基本保持在 44.62%、43.7%、11.68% 左右，支出结构比例基本保持在 45.72%、43.75%、10.53% 左右。如图 6－1 所示。

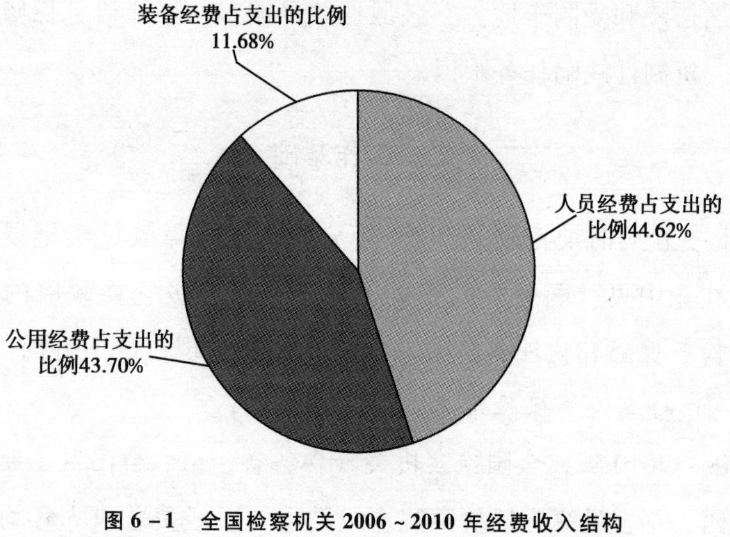

图 6－1　全国检察机关 2006～2010 年经费收入结构

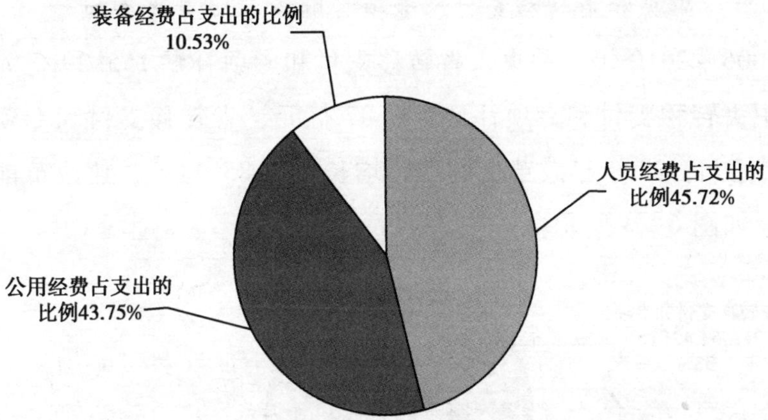

图 6－2 全国检察机关 2006～2010 年经费支出结构

（三）赃款返还在经费收入中的比例有所下降

2006～2010 年，全国检察机关依法追缴赃款上缴财政 560.21 亿元，占国家财政总收入的 0.18%。其中，赃款返还 126.81 亿元，占上缴财政的 22.64%，占检察经费总收入的 9.21%，年均减少 0.05%。如表 6－2 所示。

表 6－2 全国检察机关 2006～2010 年赃款返还情况明细

年度	经费总收入（万元）	其中				本年追缴赃款			财政总收入（亿元）	赃款返还占财政总收入（%）
		赃款返还（万元）	赃款返还年增长（%）	赃款返还占上缴财政（%）	赃款返还占总收入（%）	小计（万元）	其中 上交财政（万元）	其中 随案移送（万元）		
2006 年	1 788 053.70	235 335.56	—	67.45	13.16	440 589.04	348 888.87	40 409.57	38 760	0.09
2007 年	2 435 618.14	283 206.84	20.34	7.72	11.63	3 905 458.04	3 668 558.19	35 640.51	51 322	0.71
2008 年	2 774 593.54	248 838.15	－12.14	51.49	8.97	596 991.40	483 271.89	80 998.83	61 330	0.08
2009 年	3 150 939.92	265 922.80	6.87	50.08	8.44	675 188.62	531 022.81	106 433.19	68 518	0.08
2010 年	3 623 614.30	234 780.56	－11.71	41.17	6.48	696 719.46	570 311.36	73 290.86	83 080	0.07
合计	13 772 819.60	1 268 083.91	－0.05	22.64	9.21	6 314 946.56	5 602 053.13	336 772.96	303 010	0.18

资料来源：根据 2006～2010 年最高人民检察院计财局财务决算报表整理。

（四）中央和省转移支付、专项补贴投入比重逐年加大

2006～2010年，中央、省转移支付和专项补贴155.29亿元。其中，中央转移支付和专项补贴103.87亿元，省转移支付和专项补贴51.42亿元；2009年改革后的年均增长率为85.11%，比改革前上升45%。如图6－3所示。

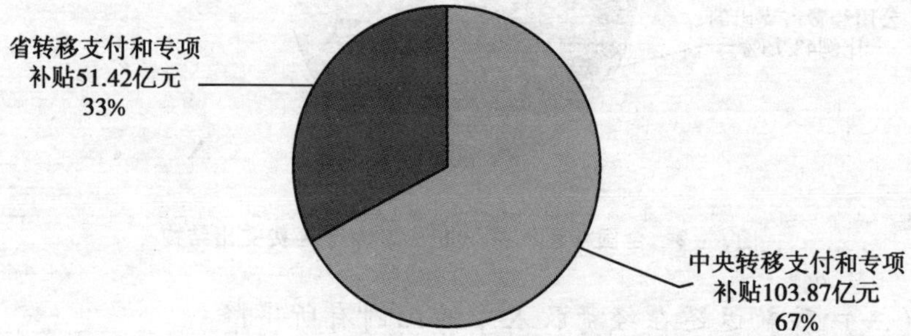

图6－3 全国检察机关2006～2010年中央、省转移支付和专项补贴分析

（五）“收支两条线”的财政管理制度有效执行

各级检察机关认真贯彻执行中央和国务院“收支两条线”的规定，不断规范财务管理，暂扣款进入财政专户监管，赃款全额上缴。如湖北省检察院和省财政厅适时组织专项检查，督促“收支两条线”制度的落实，纠正和防止检察机关坐收坐支、挪用赃款和私设“小金库”等问题。

（六）市县级检察院公用经费保障标准逐步落实

截至2010年，全国检察机关有31个省级检察院协同财政部门制定了市县级检察院公用经费最低保障标准。湖北省检察院2006年会同省财政厅制定了《全省县级检察院公用经费保障标准》，分三类予以保障，已全部落实到位。

（七）装备配备得到加强

截至2010年年底，全国检察机关的地市级检察院全部联入检察

专线网并建成计算机局域网；县级检察院中有93%联入检察专线网，98%建成了计算机局域网。据对湖北省检察机关调查，全系统共有各类器材设备49 886件（台、套），总价约6.78亿元。

（八）基础设施建设发展较快

2006~2010年，全国检察机关“办案用房和专业技术用房”建设累计投资460多亿元，总面积达1 428.9万平方米。90%的检察院基本完成了“办案用房和专业技术用房”建设任务；有9个省级检察院建立了检察官分院。湖北省检察机关新建、改扩建“办案用房和专业技术用房”累计投资13多亿元，建设面积54.84万平方米，现人均达到51.5平方米。检务保障状况的不断改善，为深化检务保障体制改革奠定了良好基础。

三、机遇与挑战

“十二五”及今后一个时期，深化检务保障体制改革面临难得的发展机遇和有利条件：（1）党中央对深化司法体制改革，完善政法检务保障体制提出了明确要求。（2）人民群众深化检务保障体制改革的呼声较高，对建立与国家公共财政均等化保障相适应的中国特色社会主义检务保障体系有较高的认知度。（3）“十二五”及今后一个时期我国经济社会将继续保持良好发展势头，综合国力增强，国家调控财力的能力大幅提升，为深化检务保障体制改革提供有力支撑。同时，也面临新的挑战：（1）中国特色社会主义法律体系已经形成，维护国家法制统一是推进法治建设的必然要求，但现有保障体制特别是经费保障方面存在的结构性缺陷、区域性差异与国家法制统一要求保障均等化的矛盾进一步显现。（2）社会主义法律体系形成后，需要更加重视法律实施，在这种情况下有法必依、执法必严、违法必究的问题就显得更为突出和紧迫，检察机关加强法律监督、保障国家法律统一正确实施的责任更加重大，不断增长的法律监督任务对检务保障提出了更高需求。(3) 随着社会结构深刻变动，社会群体类别不断增多，不同群体的利益诉求不尽相同，对社会公正的期待也不尽相同，使得社会公正问题凸显，检察机关在维护社会公正方面的任务更加艰巨繁重，工作量、工作成本、工作难度大大增加，对检务保障提出了更高需求。(4) 当前执法环境更加公开、透明、信息化，同时国家法律制度如修订后的律师法、国家赔偿法以及新出台的“两个证据规则”等对执法办案提出了更高、更严格的要求，需要建立与之相适应的检务保障体制。(5) 科技强检是必由之路，检察机关围绕强办案、强监督、强管理推进科技强检的任务急迫地摆在面前，实现保障现代化、提升检察工作科技含量是检察机关面临的重大考验。

第二节 “十二五”及今后一个时期深化检务保障体制改革的总体思路、目标任务、基本原则、方案选择

一、总体思路

总结检察机关近年来检务保障取得的成绩与不足，根据当前的形势任务和发展要求，湖北省检察院建议，将“十二五”及今后一个时期深化检务保障体制改革的总体思路概括为：高举中国特色社会主义伟大旗帜，以邓小平理论和“三个代表”重要思想为指导，深入贯彻落实科学发展观，以推进检察经费保障体制改革为主线，以提升保障力为核心，以体制、机制创新为重点，优化检务保障资源配置，努力建立与国家公共财政均等化保障相适应的中国特色社

会主义检务保障体系，为检察事业科学发展提供有力支撑。准确把握这一总体思路，需要把握以下基本要求。

（一）坚持以中国特色社会主义检察理论体系为指导

检务保障体制是中国特色社会主义检察制度的重要组成部分，深化检务保障体制改革应立足于中国特色社会主义检察制度的自我完善和发展，保持正确的改革方向。

（二）坚持以推进检察经费保障体制改革为主线

曹建明检察长指出，“在整个保障建设中，经费保障是核心”。根据这一要求，应把推进检察经费保障体制改革作为“十二五”及今后一个时期深化检务保障体制改革的主要任务，着力围绕检察经费供给、分配、使用和管理，完善体制、机制，以此推进检务保障的全面建设。

（三）坚持以提升保障力为核心

深化检务保障体制改革，应当着力解决现行保障体制下存在的保障不力、保障不到位等突出问题，切实提升保障力。提升对执法办案的保障力度，为检察机关全面履行法律监督职能和严格公正文明廉洁执法提供有力保障。提升对检察人员的保障力度，为检察人员履行职责提供良好的职业保障和执法条件，特别是针对基层和经济欠发达地区检察机关保障困难、人才短缺的实际，建立相关保障制度，确保检察人才均衡分布，促进检察事业协调发展。

（四）坚持以体制、机制创新为重点

深化检务保障体制改革的重要任务是破解检务保障体制性障碍、机制性困扰，既注重体制创新，解决好检务保障的基础性、深层次矛盾和问题，又适应体制运行需要，建立健全工作机制。应当实现体制与机制互相衔接，为检务保障提供制度保证。

二、目标任务

湖北省检察院建议，将“十二五”及今后一个时期深化检务保障体制改革的总体目标确定为：基本建立与国家公共财政均等化保障相适应的中国特色社会主义检务保障体系。提出这一总体目标，主要基于以下要求。

（一）与检察机关的宪法职能定位相适应

宪法规定国家维护社会主义法制的统一和尊严；同时宪法规定人民检察院是国家的法律监督机关，依照法律规定独立行使检察权。检察机关法律监督在维护国家法律统一正确实施中肩负重大职责。高检院指出新时期检察工作的根本目标是“一个保障、四个维护”，即保障经济社会又好又快发展、维护社会和谐稳定、维护社会公平正义、维护人民权益、维护社会主义法制的统一尊严权威。强化法律监督保障国家法律统一正确实施的重大任务，客观要求检察工作所产生的经济、社会和法律效果都是全国性的，不是地域性的，客观要求各级检察机关人财物保障在全国范围内具有相对均衡性和稳定性，保证检察机关的职能得以充分发挥。

（二）与国家公共财政均等化保障的现代管理要求相适应

从现代公共财政基础理论看，检察权等司法事权属中央政府提供的全国性公共产品服务，提供者也应当为中央政府。不应当让中央事权的保障由地方提供，避免因地方财力差异导致保障不均衡，避免因保障受制于地方而产生地方保护主义等问题，影响中央事权在全国范围内的统一行使。这就要求检务保障要与时俱进，应当与公共财政投资管理体系改革相匹配，应当在人财物方面实行国家公共财政均等化统一保障。

（三）与深化司法体制改革相适应

党的十七大报告明确提出，要推进司法体制改革，建设公正高效权威的社会主义司法制度。2008年以来，中央部署了新一轮司法体制和工作机制改革，其中改革司法保障体制是四项重大改革内容之一。当前，新一轮司法体制机制改革已进入克难攻坚阶段。检察机关紧跟深化司法体制改革的改革进程，积极推动检务保障体系改革，努力破解检务保障的体制性障碍、机制性困扰。

实现这一总体目标，需要努力完成以下五项任务：

1. 建立以基层检察人员工资、津贴、医疗均等化保障为基点的优检保障体系

周永康同志在全国政法工作会议上指出，要完善政法干警职业特点相适应的职业保障制度。建立与检察干警职业特点相适应的职业保障制度，应当以实现基层检察人员工资、津贴、医疗均等化保障为基点展开。按照鼓励检察人员扎根基层、到艰苦边远地区工作的政策原则，制定基层检察人员工资、津贴、医疗保障标准，在此基础上构建优检保障体系。

2. 建立以强化法律监督职能为基点的公用经费、业务装备经费、基础设施建设经费保障体系

公用经费、业务装备经费、基础设施建设经费保障都是为了满足法律监督工作需要。应当按照供求均衡的原则，围绕法律监督职能需求，综合办案（业务）工作量、运行成本、技术要求等，合理确定分配因素，建立种类齐全、分配科学、正常增长的公用经费、业务装备经费、基础设施建设经费保障标准体系、增长机制及其运行机制。

3. 建立以提高执法公信力为基点的检察信息化保障体系

检察信息化的最终目的是为了提高执法公信力。应当通过推进

检察业务科技建设、综合办公科技建设、基础信息网络类建设、检验鉴定类科技建设、检务保障信息化建设，将执法公信力要求注入检察信息化保障的各个环节。

4. 建立以提高执行力为基点的检务保障管理体系

曹建明检察长指出，“越是对检察经费投入增大，越要加强经费的管理和监督”。实行国家公共财政均等化保障检察经费体制后，应着力围绕提高经费保障政策的执行力，建立真正的“收支两条线”财政管理体制，建立符合检察经费特点的财务核算体系和检察经费保障监督管理和科学考评机制，努力实现资金使用效益最大化。

5. 建立以推进“五化”建设为基点的项目实施机制体系

围绕推进保障制度化、装备现代化、建设规范化、管理科学化、队伍专业化，将改革的战略思想方案化、方案谋划项目化、项目实施具体化，使深化检务保障体制改革成为可操作的项目，有序推进，顺利完成目标任务。

三、基本原则

湖北省检察院建议，推进“十二五”及今后一个时期各项检务保障体制改革任务，应当坚持以下四个原则。

（一）必须从国情出发

检务保障体制改革，既要有利于保障和促进中国特色社会主义检察事业全面发展，又要坚持量力而行；既要适应检察业务工作规范化、队伍专业化、保障现代化要求，又要贯彻“厉行节约、勤俭办一切事业”的方针；既要与时俱进，改革创新，又要实事求是，稳步推进。

（二）必须立足于资源优化配置

对检察机关的经费、装备设施、信息技术等各类检务保障资源，应当按照优化配置的原则，进行有机组合，最大限度减少检务保障资源浪费，提高资源的使用效率，实现检务保障的经济效果、法律效果和社会效果的最大化。

（三）必须有利于公正司法

检验保障体制改革成效的根本标准在于适应人民群众新要求、新期待，实现司法公正和社会公平正义。应当把保障和维护人民群众最关心、最直接、最现实的利益问题作为改革的根本出发点、落脚点，从人民群众日益增长的司法需求入手，研究制约履行法律监督职能、实现司法公正、维护社会公平正义的传统保障体制、机制的弊端及根源，探索总结增强法律监督能力保障方面的新经验、新方法，建立有利于实现司法公正和社会公平正义的新型司法保障体制机制。

（四）必须与组织、人事、财政体制改革相衔接

检务保障体制改革既是组织、人事、财政体制改革的有机组成部分，又同司法体制改革密不可分，且具有自身的特点。检务保障体制改革的目标、任务、内容及其相关政策的调整，既要与《党政领导干部选拔任用条例》《公务员法》《预算法》等相衔接，又要体现《检察官法》等管理规范的要求；既要适应组织、人事、财政体制改革的新目标、新要求，又要体现政法检务保障体制改革的新特点、新发展；既要同组织、人事、财政体制机制改革相匹配，使组织、人事、财政部门在检务保障体制机制的调控主导作用更为充分，又能发挥检察机关在保障方面的高效组织、管理、监督作用。

四、方案选择

湖北省检察院通过调研论证，提出两种有代表性的改革实施

方案。

方案（一）：纳入中央财政预算，实行国家统一保障。主要内容是：全国检察机关的人员、公用、装备及设施建设经费全部纳入中央财政预算，实行国家统一保障。根据预算法的规定，政法领导机关、最高人民检察院作为中央的部门预算单位，负责对其所属的全国政法机关、各级人民检察院及专门检察院的年度预算及调整、决算提出编制草案，通过财政部提请国务院核准，并由国务院提交全国人大审查批准；政法领导机关、最高人民检察院会同财政部按照审查批准的预算、决算组织执行、管理和实行财务管理及内部审计监督；财政部、审计署及驻各省、自治区、直辖市专员办负责财务监督、审计监督。绝大多数基层人大代表、政协委员、党政领导、社会各界及基层群众赞成采取这一改革方案。

方案（二）：实行中央与省两级预算分担，省级统一保障。主要内容是：全国检察机关的人员、装备及设施建设经费纳入中央财政预算并转移支付给各省，公用经费由省级预算统一安排，形成国家统一保障的过渡体制。根据预算法的规定，省级政府的预算，由中央转移支付及专款补助、地方收入构成。各省、自治区、直辖市的政法领导机关、省人民检察院作为省级的部门预算单位，负责对其所属的全省政法机关、各级人民检察院及专门检察院的年度预算及调整、决算提出编制草案并向最高人民检察院备案审查，通过财政厅（局）提请省级政府核准，并由省级政府提交省人大审查批准；省级政法领导机关、省人民检察院会同财政厅（局）按照审查批准的预算、决算组织执行、管理和实行财务管理和内部审计监督；财政厅（局）、审计厅（局）负责财务监督、审计监督。

第三节 “十二五”及今后一个时期深化检务保障体制改革需要处理的重大关系

曹建明检察长强调，科学谋划好“十二五”及今后一个时期的检察工作，要坚持把统筹兼顾作为根本方法。湖北省检察院认为，“十二五”及今后一个时期深化检务保障体制改革，应当贯彻这一要求，正确处理好以下八个重大关系。

一、正确处理检务保障与经济社会发展的关系

检务保障水平直接影响检察机关的法律监督能力与水平，进而影响到检察机关服务经济社会发展的水平；经济社会的快速发展，也为加强和改进检务保障工作创造了良好条件。湖北省检察院认为，应当从服务经济社会发展的全局，谋划检务保障工作的发展，将检务保障的重大项目建设纳入国民经济发展规划，着力解决检务保障水平与经济社会发展水平不相适应的问题，并建立正常增长机制；同时，应当通过深化检务保障体制改革，完善体制与机制，使检务保障与检察机关日趋繁重的法律监督工作任务相适应，服务经济社会快速发展。

二、正确处理检务保障体系与公共财政投资管理体系的关系

检务保障体系应当纳入公共财政投资管理体系，适应公共财政投资管理体系的各项管理要求。同时，要建立健全适应检察工作科学发展的检务保障制度、机制、管理、监督体系。要落实年度预算、年终结算制度，对每年度的检察经费需求进行合理计划，对预算实

施情况进行总体评估。要重视项目建设，通过项目实施推动各项经费落实到位并保障专款专用。要服从管理，遵守公共财政投资管理体系的管理要求，自觉接受管理和监督；对违纪违规行为，严格按照公共财政管理体系有关制度规定进行责任追究。

三、正确处理检务保障体制改革与其他政法保障体制改革的关系

检务保障体制改革是司法保障体制改革的有机组成部分，但又具有自身的鲜明特点。检务保障体制改革的目标、任务、内容及相关政策的调整，必须与司法保障体制改革相衔接、相统一；检务保障体制改革又必须充分彰显检察职业的特殊性，从而有别于其他政法部门保障体制改革。应按照中央有关司法保障体制改革的总体要求，突出检察职业的特殊性，对检务保障体制进行准确定位，科学部署推进检务保障体制改革的各项工作。统筹考虑政法机关的执法保障特点，使检务保障体制改革与其他政法保障体制改革有机衔接，既注重满足执法需求，又要注重共建共享。

四、正确处理长远规划与分步实施的关系

长远规划是对检务保障体制改革进行的整体性、长期性考量和设计，是检务保障体制改革的目标指南和行动纲领。分步实施则是在长远规划的总体框架下，结合检察工作和经济社会发展实际，所采取的使长远规划确定的目标得以实现的必要步骤、措施。只有将长远规划与分步实施有机结合，才能使检务保障体制改革积极稳妥地推进。“十二五”及今后一个时期，既要准确把握保障体制改革形势与任务，着眼长远，统筹兼顾，科学规划保障体制改革工作；又应当按照“立足实际，适度超前，分步实施”的原则，有条不紊

地推进。无论是规划还是实施，都要立足“适应性思维”和“引领性思维”。既要立足于经济社会发展和检察工作实际进行思考和研究，又要立足于未来发展的需要，科学规划、逐步推进，避免检务保障无序发展、不平衡发展，项目建设脱离实际、盲目决策、草率上马，装备购置“重数量、轻质量”或一味追求“先进”，最终导致设备闲置、资源浪费等问题。准确定位长远规划的角度，增强规划的前瞻性；规划时注重深度，全方位研判，全面、客观、创新、科学规划；在分步实施过程中要有力度，切实抓好规划的组织实施工作，把检察人员的智慧和力量凝聚到实现规划确定的目标上来。

五、正确处理重点突破与整体推进的关系

深化检务保障体制改革，既要总揽全局、统筹谋划，全面推进各项工作，又要抓主要矛盾和矛盾的主要方面、突出重点、以点带面，达到纲举目张的效果。检务保障体制改革包括多个方面，其中有效解决影响保障水平提高、制约保障资源优化配置的体制机制问题是重点，深化检务保障体制改革就应当围绕这一重点问题来展开。要紧紧抓住牵动全局的重点问题，系统研究、科学论证，力求在解决关键问题上取得新突破、新成效。要整体推进。坚决防止“只抓重点，忽视一般，以点概面”的错误做法，在重点突破的同时全面推进检务保障体制改革各个方面的工作。

六、正确处理强化保障与规范管理的关系

有“管理”无“保障”，“管理”无从谈起；有“保障”无“管理”，“保障”就不能充分发挥作用，只有做到“保障”与“管理”并重，才能使检务保障建设得到真正加强并更好地服务检察工

作。应当针对保障管理制度不健全、日常管理不善而造成的经费使用不节约、资源配置不合理、设备使用效率低、日常维护跟不上等突出问题，切实加大各类保障资源管控力度，提高保障资源的使用效益。要努力“开源”，不断完善保障体制，积极争取政策支持，不断加大保障投入。要真正“节流”，加强预算管理，引入成本管理、ISO 管理等方式方法，完善监管制约机制，优化资源配置，提高资源使用效率。

七、正确处理检务保障体制创新与机制创新的关系

体制决定机制的内容，机制保障体制的实现，体制与机制是紧密联系、辩证统一的关系。深化检务保障改革，既要重视体制改革，又要关注机制创新。当前，检务保障机制创新与体制创新并不完全“合拍”。“十二五”及今后一个时期应当将保障体制改革与机制创新有机统一起来，坚持体制创新与机制创新并重。保障体制机制创新应当进行统筹设计、科学规划、系统构建，既要按照高检院的总体部署，积极稳妥地推进体制创新；又要科学、及时地推进相关机制创新，为体制高效运行创造条件。要明确机制创新的要求，既鼓励在统一领导下的各地首创精神，充分调动创新的积极性、主动性；又应当符合现行政治体制和法律规定，使已有的制度、规定更加充分发挥作用。

八、正确处理人的全面发展与检察事业科学发展的关系

人的全面发展是检察事业科学发展的基础，检察事业的科学发展又为人的全面发展提供了平台。从当前检务保障改革情况来看，无论在思想认识上，还是在体制机制上，还没有真正体现出服务人

的全面发展的重要性。在深化检务保障改革过程中，应当把服务人的全面发展摆在更加突出的位置。应围绕满足人的全面发展需求，改革现行检务保障运行模式，切实解决检察人员待遇受区域经济发展制约等问题，体现中央“两个鼓励”的保障政策要求，保证检察人才均衡分布，促进法律监督工作平衡发展。应不断优化人的全面发展所必需的环境，建立健全人才引进和激励机制，保障基层和欠发达地区检察人才“进得来”“留得住”；创优育人环境，加大教育培训经费投入，提升人员专业化水平；创优工作环境，继续加强基础设施和检察装备建设，逐步提升办公办案条件；创优用人环境，最大限度发挥人才的专业、技术优势。

第四节 “十二五”及今后一个时期深化检务保障体制改革需解决的重大问题

湖北省检察院认为，正确处理好“十二五”及今后一个时期深化检务保障体制改革的重大关系，需要认真研究解决好以下重大问题。

一、检务保障纳入经济社会发展规划的问题

检务保障工作，是一个长期的系统工程，必须作出长远的发展计划，必须形成系统的行动方案。《中华人民共和国国民经济和社会发展第十二个五年规划纲要》不仅对经济发展目标任务作出了部署，而且对社会发展中的各项任务包括加强和创新社会管理、推进社会主义政治文明建设，尤其是对全面推进法制建设和加强反腐倡廉建设等作出了全面部署；中央也就改革司法保障体制问题明确提出，

要将政法机关的基础设施、装备建设纳入国民经济发展规划，保障政法机关的装备等基本建设。湖北省检察院认为，检务保障规划编制工作应突出“检务保障体制改革”这个重点，正确处理近期建设和远景发展的要求，注重与司法保障体制改革和财政投资体制相适应，与不同阶段的国情和检察工作新形势相适应，全国一盘棋，高检院统一安排部署、统一保障标准、统一谋篇布局。因此，要认真倾听基层检察院和检察干警的建议，主动征求编制、组织人事、发改委、财政等部门的意见，使规划编制过程更民主，编制内容更科学；要积极争取各级党委政府把检务保障列入重要议事日程，全额编制检察经费年度保障预算，保证检察经费保障增幅与国家财力增长同步，并将“办案用房和专业技术用房”建设、检察官学院建设、信息化建设、派驻检察室建设等重大项目建设纳入经济社会发展总体规划，统筹安排。

湖北省检察院建议，将“十二五”检务保障规划分为前期规划（2011~2013年）和后期规划（2014~2015年）。前期规划的主要任务是：（1）制定和完善相对均等化的人员经费保障标准和公用经费保障标准、检察装备保障标准和基础设施建设标准。（2）积极协调中央和省级编制、组织人事、发改委、财政等部门，在分配检察专项编制和转移支付资金时向重点地区倾斜，向基层一线倾斜。（3）把检察教育培训经费列入检察经费总体预算。（4）健全检察机关内部财务管理办法。（5）建立检务保障基础数据库。后期规划的主要任务是：（1）国家均等化保障理论逐步成熟，建立与国家公共财政均等化保障相适应的中国特色社会主义检务保障体系形成领导决策并付诸实施。（2）检务保障体制成为独立的保障门类，并建立起完整的检务保障理论体系和制度体系。（3）全系统的信息化建设、办案用房和专业技术用房等基础设施建设基本完成，债务全部化解。

二、检务保障体制定位问题

近年来，各级检察机关一直在对检务保障体制建设进行不懈的探索。由于对检务保障体制的定位存在偏差，导致改革步伐缓慢。对检务保障体制的定位已经是一道绕不开的关口，是必须加以深入研究的重要课题之一。检务保障体制是以国家为主体，依据法律规定，通过国民收入的再分配，保障检察机关在履行法律赋予的职责过程中的物质需要的方法和手段。着眼长远，应建立国家统一保障政法检察经费的体制。这一体制可以从以下几方面进行定位：从贯彻原则看，应当体现中央事权与财权相一致；从制定依据看，应当符合宪法及组织法、选举法、公务员法、法官法、检察官法等法律规定；从制度安排看，应当与经济社会发展相适应，与国家财力增长相协调；从实施方式看，应当由中央（或中央与省共同负担）提供人员、公用、装备及设施建设经费统一保障与管理；从落实效果看，应当不受东、中、西部地区经济社会发展与财力增长状况制约，为履行政法检察职能所需，有利于维护国家宪法、法律统一正确实施。

三、检务保障标准化建设问题

通过建立基础保障标准、工作规范标准，增强制度的可操作性、可执行性，科学确定检务保障目标，提高检务保障效能。

（一）建立与公务员法相衔接、体现检察官法规范管理要求的人员工资、津补贴、待遇保障标准体系

针对政法检察人员工资、津补贴、待遇偏低方面存在的突出问

题，建议在公务员法的总体框架内，建立与公务员法、检察官法等法律相衔接的，体现其规范管理要求的检察人员工资、津补贴、待遇标准体系。

（二）建立检察公用经费保障标准体系

针对公用经费保障方面存在的突出问题，建议以1992年财政部、高检院制定的《检察业务开支范围》和2006年财政部、高检院制定的《县级人民检察院公用经费保障标准》为依据，对公用经费保障体系进行设计。

（三）建立统一的检察装备配备标准体系

针对装备设施建设方面存在的突出问题，在健全完善《县级人民检察院基本业务装备配备指导标准（试行）》的基础上，建立省级和市州分级检察院装备配备标准及实施方案。

（四）建立检察基础设施标准体系

针对政法检察基础设施投入不足的实际状况，“办案用房和专业技术用房”设施建设计划尚未完成，根据国家发改委《关于进一步加强地方政法基础设施建设规范投资保障机制的意见》，健全完善《人民检察院办案用房和专业技术用房建设标准》《国家检察官学院分院建设标准》，出台相关配套措施。

（五）建立统一的财务管理标准体系

健全完善《人民检察院财务管理暂行办法》和《检察业务开支范围》，为加强、规范财务管理提供政策依据。

（六）建立统一的涉案款物管理标准体系

认真总结各地检察机关在扣押、冻结、处理涉案款物中的良好经验，制定统一的管理标准，建立统一的工作模式。

四、检务保障管理科学化建设问题

检务保障管理是检察管理的重要组成部分，必须加强管理科学化建设，向管理要效率、要质量、要战斗力。

（一）加强检务保障制度建设

检务保障体制改革是一项系统工程，必须要有相应的配套制度建设匹配。要完善与检务保障体制改革相适应的预算编制制度，充分发挥预算的成本控制和效益导向作用，加强预算的执行力度；完善与检务保障体制改革相适应的检务保障体系，使其更具有可行性和可操作性；完善与检务保障体制改革相适应的规范管理制度，加强保障管理。

（二）加强检务保障规范化建设

对前述六类标准体系的运行、监管作出配套规定，确保检务保障运行规范、监管有力。

（三）加强信息化建设

加快计划财务装备信息系统建设，建立健全装备和资产管理系统，加强财务和资产数据的运用。

（四）加强检务保障的科学评价

检务保障体制改革方案的评价可以从以下六个方面考虑：

（1）是否在对现有的“分类负担”保障体制的运行状况进行了深入的调研和分析的基础上，对改革的必然性进行充分的论证。

（2）是否开展了对国情、法律规定和检察工作发展实际的分析，对改革的可行性进行了论证。

（3）是否仔细叙述了用来解释改革的观点、程序理论依据，使改革的理论基础清楚雄厚。

（4）是否考虑了改革的各项配套措施的落实。

（5）是否细致考虑到了改革中可能出现的利害冲突，使各方利害的冲突不致影响改革的过程与结果，或者是对改革过程中，可能影响改革进程的各种因素应预加注意并得到控制。

（6）改革的路径、阶段是否有清晰的规划和设计。

检务保障体制改革的效果评价可以从以下五个方面考虑：

（1）是否有利于人的全面发展。

（2）在检务保障模式上，是否实现了根本性转变。

（3）各级、各地检察机关的检务保障水平是否基本满足了日益繁重的工作需要。

（4）检察机关在履行宪法和法律赋予的职责、服务经济社会科学发展方面，是否有新的跨越。

（5）社会各界是否对改革成果普遍接受。

五、检务保障资源配置问题

深化检务保障体制改革，应立足于检察工作一体化的格局，紧密结合检察工作实际，自觉遵循科学管理规律，大胆运用经济管理和商业运作领域的先进理论，对各类检务保障资源要素进行有机组合和合理配置，最大限度提高资源的使用效率。湖北省院认为，可以从四个方面进行优化：

（1）省级检察院统一管理和配置检务保障资源，提高检务保障的统一性、可靠性和灵活性。

（2）以效率高、耗费少为原则，合理确定各级检察院保障资源配置标准体系。

（3）强化基层院之间、上下级院之间、院内设机构之间的资源共享机制，提升资源使用效率。

(4) 研究建立适合检务保障资源的配置模型，引进前沿管理理论，使检务保障资源的配置更加优化。

同时，还应重点针对人力保障资源、经费保障资源和装备保障资源、设施保障资源四个方面，加强以下三项流转机制建设：一是以“健全、盘活、激励、稳定”为基本原则的人力资源流转机制，建设一支素质过硬的计财装备队伍。二是以“科学规划、规范控制”为基本原则的资金资源流转机制。把握资金流转的关键控制点，建立健全严格的内部控制程序。三是以“节俭高效”为基本原则的装备资源流转机制，加强成本控制、分级管理、分级维护、共建共享，形成规范有序的装备管理、流转制度，实现检察装备使用效益的最大化。

六、检务保障能力建设问题

必须站在新的起点上，着眼于检察工作发展任务重、强度高、节奏快的现实需求，进一步提高计划财务装备队伍的综合保障能力。

(一) 加强机构建设

各级检察院原则上均应建立计划财务装备工作专门机构，暂不具备条件的要配备专职会计和出纳人员；市级以上检察院必须设立计划财务机构，省级检察院计划财务装备机构做到名称统一、职能统一。

(二) 加强思想作风建设

牢固树立“为检察业务服务、为基层服务、为检察干警服务”的意识，爱岗敬业、干事创业，始终保持艰苦奋斗的作风，勤俭节约、精打细算，严格执行廉洁从检的各项纪律规定，认真执行财经纪律，坚持原则，秉公用权，严格教育，严格管理，严格监督。

（三）加强素质能力建设

加强业务培训和实践锻炼，改善知识结构，不断提高协调沟通能力、改革创新能力、管理服务能力和解决实际问题能力。

（四）加强专业化建设

按照分类管理的要求，积极探索计划财务装备干部的专门化管理机制，优化队伍结构，加大人才引进和内部调配力度，多渠道引进专门人才，大力培养既懂业务又懂保障、既懂信息技术又有良好知识结构、富于创新精神的复合型保障人才，不断提高队伍专业化水平。

七、检务保障的理论构建问题

检务保障理论与应用研究是检察理论体系的一个分支，但长期以来对其重视关注不够、深入研究不够。这对于中国检务保障体制的改革，存在着不利的影响。湖北省检察院认为，检务保障的理论体系可以围绕检务保障概论、检务保障资源配置、检务保障运行模式及运行机制、现行检务保障重要文件政策的解读及评估、检务保障存在的主要问题及对策分析、检务保障体制改革研究等主要方面构建，同时建立检务保障国际交流机制，汲取其他国家和地区的先进理论和经验，促进我国检务保障研究的深入。

第五节 “十二五”及今后一个时期深化检务保障体制改革应当推进的重大项目

应当把“十二五”及今后一个时期深化检务保障体制改革需要

解决的重大问题项目化，通过未来一定时期的认真落实，推动改革目标任务的完成。湖北省检察院经认真论证，围绕保障制度化、装备现代化、建设规范化、管理科学化、队伍专业化等“五化”要求，设计了“十二五”及今后一个时期应当着力推进的20个重点项目，预计总投入281.72亿元（不含第1、第18、第19这三个项目的资金预算），平均每年投入56.34亿元。

一、“保障制度化”相关项目（4个）

（一）建立与经济社会发展相适应的经费正常增长机制

调增检察经费在国家财政收入中的比重；调增检察经费在国家政法经费总投入中的比例；建立经费正常增长评估、反馈机制。

（二）健全完善检察公用经费保障标准体系

以建立均等化人员经费、公用经费保障标准体系为目标，对现有的人员经费、公用经费保障标准进行全面系统修订，形成覆盖全国、上下统一、中央与省两级提供保障、高检院与省级院协同同级组织人事和财政部门监管、具有中国特色的检察人员经费和公用经费保障模式。

（三）建立中央与省级财政预算分担检察经费保障的配套机制

理顺中央与地方国民收入初次分配关系，确定经费保障基数及其在财政预算中的比例，使之与经费保障体制运行相适应。

（四）加强中国特色社会主义检务保障理论研究

主要围绕检务保障概论、检务保障资源配置、检务保障运行模式及运行机制、现行检务保障重要文件政策的解读及评估、检务保障存在的主要问题及对策分析、检务保障体制改革研究等展开研究。

二、“装备现代化”相关项目（5个）

（五）完善检察装备配备标准体系

完善县级检察机关装备配备标准；制定省市两级检察机关装备配备标准；制定政法机关之间以及检察机关之间共享共用装备配备标准。

（六）推进检察业务类科技建设（共28个子项目）

完善办案区同步录音录像及侦查指挥系统；在省级院及能覆盖周边地区的有区域代表性的市级院建设移动侦查指挥系统；建立检察业务查询咨询受理系统；每个办案组配备必要的侦查取证装备；建立数字化检委会系统；每个办案组配备必要的办案所需装备；建设证据展示分析系统；统一电子检务应用系统检察业务子系统（含14个子系统）及检察业务数据库软件建设；外部信息共享交换系统（含5个子系统）及数据库软件建设。

（七）推进综合办公类科技建设（共4个子项目）

建设电子档案系统、保密系统、高清视频系统、检察工作信息资源数据库。

（八）推进基础信息网络类建设（共5个子项目）

建设检察专线网、网络机房、统一电子检务应用系统数据中心及应用中心平台、网络管理系统、运行维护系统。

（九）推进检验鉴定类科技建设项目（共6个子项目）

适应强化法律监督和检察工作新任务的需要，按照标准化、规范化、专业化的要求，高标定位，合理布局，加快电子证据检验鉴定、心理测试、司法会计检验鉴定、法医检验鉴定、文件检验鉴定、信息化应用六个实验室的建设、评估、验收、授权工作，形成以高检院为龙头，以省级院、省会城市、计划单列市为主体，覆盖市县两级检察机关的检验鉴定新格局。

三、“建设规范化”相关项目（5个）

（十）完善基础设施建设标准体系

完善现行“办案用房和专业技术用房”建设标准；制定市（地）级检察教育培训中心建设标准；制定重点乡镇检察室建设标准。

（十一）进一步加强“办案用房和专业技术用房”建设

全面完成“办案用房和专业技术用房”建设及其改扩建设任务；将全国检察机关“办案用房和专业技术用房”建设历史债务纳入当地政府还款计划统筹化解。

（十二）加强和规范乡镇检察室建设

每个县（市）院设立2~3个乡镇检察室，全国设立约5 000个乡镇检察室。

（十三）推进国家检察官学院分院和“智能校园”建设

完成9个已正式批复成立、21个经批准正在筹建的国家检察官学院分院建设，以及上述30个分院“智能校园”建设。

（十四）建立新建基础设施会审机制

建立新建基础设施省级院和省级发改委共同审查制度，防止重复建设、超标建设。

四、“管理科学化”相关项目（3个）

（十五）建立真正的“收支两条线”管理机制

改革现有“收支两条线”管理体系及管理办法，实行将赃款赃物上缴省级财政纳入预算统一管理，由省级财政按照均等化保障体制及运行模式统筹转移支付市县两级院经费的保障来源，真正实现罚没收入与保障来源脱钩，从基础性制度安排层面真正杜绝坐收坐支、明脱暗挂、挪用罚没款物等违纪违规行为；坚决治理和整顿装备设施建设中大手大脚、奢侈浪费的不正之风；严格执行国家规定的开支范围和标准，积极开展减支节约活动，大力推进“节约型”机关建设；建立赃款中央财政专户监管制度、转移支付调节补偿机制、赃款管理责任追究制度。

（十六）加快检务保障管理信息化建设

开发应用财务管理、基础设施建设项目报备审批、国有资产管理、装备配备管理使用维护等软件，实现检务保障管理信息化、智能化、科学化。

（十七）建立经费保障监督管理和科学考评机制

全面推行重大装备、设施建设政府采购、招投标、国库集中支付等改革举措；建立检察经费保障、支出考评制度，制定符合检察经费保障、支出特点的考评指标体系，科学考评经费使用效益，并以此作为安排检察经费的重要依据，提高资金使用效益。

五、“队伍专业化”相关项目（3个）

（十八）建立以基层检察人员工资津贴医疗基本均等化为重点的优检保障体系

建立与人员分类、职务晋升相配套的人员工资、津贴、医疗等保障制度，形成科学完善、结构合理、保障有力、管理规范的从优待检特别是基层检察人员激励机制。

（十九）加强检务保障人才的引进、培养、使用

健全人才引进机制、奖惩激励机制，优化人才资源配置，提升

队伍专业化水平。

（二十）建立检务保障国际交流机制

采取选派计划财务装备工作骨干出国培训、学习考察、参加国际学术交流等形式，促进检务保障工作的国际交流与合作。

后　记

在本书即将付梓之际，全体参与撰写人员的心情既激动又不安。激动的是，这是一次全新的尝试，是当前全国唯一一本系统研究检务保障工作的专著，更是检务保障工作理论研究史上的一个不可多得的成果；不安的是，它可能稍显稚嫩，可能没有穷尽所有检务保障领域，更可能存在着瑕疵。

在本书付梓之前，我们不能忘怀的是检察机关恢复重建以来的中华人民共和国检察长黄火青、杨易辰、刘复之、张思卿、韩杼滨、贾春旺、曹建明等领导为检察机关的思想政治建设、业务建设、素质能力建设、纪律作风建设、队伍建设、基础设施、装备经费保障工作高屋建瓴、前瞻思维，推出了一系列战略举措，为检务保障奠定了坚实基础。他们的这些努力，使我们得以从中汲取政治营养，坚定政治信念，丰富检察阅历，增添工作才干，磨炼意志品格，树立起敢于担当的勇气。副检察长张耕、邱学强、朱孝清、孙谦、张常韧、柯汉民和湖北省院房昭义、钟澍钦、靳军、敬大力等领导的高度重视、亲切关怀和悉心指导，为本课题研究提供了有力支持。

值得特写的是，中国检务保障工作的开拓者郭纪文、李文生、吴松寿、经文炳、朱广信、张伟红、赵扬、于洪滨等同志，他们解放思想，创新思维，在20世纪80年代末就率先探索检察机关的“车马炮”问题，以国务院文件形式推动解决，实现了检务保障方面的观念更新、机构单设、职能转型、体制转轨、政策转换、管理规范，为检察机关执法规范化、队伍专业化、管理科学化、保障现代化建设开了先河！

感谢湖北省人民检察院计划财务装备处处长刘大举，副处长曹国兴、刘尧成等同志，他们运用丰富的工作经验和深邃的思考，全程指导课题的研究与撰写工作；感谢咸宁市人民检察院办公室主任、全省检察理论研究人才邓佛围，宜昌市伍家岗区人民检察院政治处主任李若，宜昌市三峡坝区人民检察院办公室主任夏祥军、襄阳市城郊地区人民检察院办公室主任吴方春硕士，十堰市张湾区人民检察院干部董可飞等克服时间紧、参考资料短缺等困难，发扬艰苦奋斗的优良作风，枯灯寂坐，全力投入，具体执笔；感谢省检察院计划财务装备处干部肖伟、荆州市江北地区人民检察院干部燕娟同志为教材编写工作提供了坚实的后勤保障和数据支撑。

感谢湖北中青年法学家、武汉市汉阳区人民检察院检察长金鑫同志，湖北省人民检察院检察长办公室主任杨剑波博士，湖北中青年法学家、刑事审判监督处赵慧博士，办公室副主任谭铁军硕士，秘书科科长何涛同志，机要科副科长柏才汉同志等的鼎力支持。

本书在调研和编写过程中，得到了最高人民检察院、部分省级人民检察院、湖北省各级人民检察院、湖北省委政法委、湖北省财政厅、湖北省人民法院、湖北省公安厅、湖北省司法厅、湖北省人事厅、湖北省统计局、湖北省国税局、湖北省地税局等部门的大力支持，在此表示衷心的感谢！

芳林新叶催陈叶，流水前波让后波。我们相信，随着中国社会主义检察事业的科学发展，对于检务保障理论与应用的研究一定会更加深入，研究成果将会不断涌现。

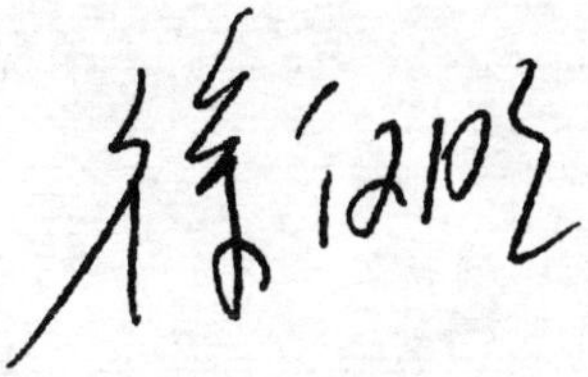

2011 年 5 月 3 日